SMALL HOMES

HOMES

小さくはじめる住まいの哲学

The Right Size

Lloyd Kahn
ロイド・カーン

TWO VIRGINS

SMALL HOMES
by Lloyd Kahn

Japanese translation rights arranged with Shelter Publications, Inc., California,
through Tuttle-Mori Agency, Inc., Tokyo

Contents

本書の構成：本書で統一している要素は、床面積のみである。住宅は大まかにまとめられており*、芸術的な家、ティンバーフレーム、木造建築、天然材料、リサイクル材、オフグリッド、寄せ集め、小さな家、都市や町の小さな家、そして「小さな家よりさらに小さな」家が何軒か登場する。

小さな家の建築、購入、改修を検討している方へ：以降のページに目を通しながら、アイデアを集めてもらいたい。本書には、みなさんに多くの選択肢を提供するさまざまな家が掲載されている。

*なぜ大まかなのかというと、多くの家は「オフグリッドでティンバーフレームの、天然材料とリサイクル材を使用した家」のように、複数のカテゴリーに該当するからだ

Small Homesへの賛辞

「アメリカの住宅は今なお巨大化している」──そんなニュース記事が『ウォール・ストリート・ジャーナル』に掲載された。アメリカ合衆国国勢調査局によると、2015年のアメリカにおける新築一戸建て住宅の平均サイズは2467平方フィート（約230㎡）で、1973年に比べて1000平方フィート（61％）も大きくなっているそうだ。事態は良からぬ方向に進んでいる。

『Tiny Homes』

だが近年、一部の人々は住宅ローンや高い家賃の支払いをやめ、極めて小さな空間で──少なくとも一定の期間は──暮らすようになった。彼らは自身の生活を簡素化し、整理することで、それを実現している。

メディアはこれを一種の「ムーブメント」と呼んでいる。そのコンセプトが急進的（革命的）だからというのも理由だが、それだけではない。タイニーホーム（Tiny Homes）は被写体としても魅力的なのだ。

タイニーホームはメディアの大好物だ。片手では数え切れないほどのテレビ番組、何千本ものYouTube動画、大量の本、ブログ、新聞・雑誌記事、ソーシャルメディア上の投稿を見てみれば、どこでもこの話題が取り上げられている。

そこにはいくつかの素晴らしく感動的な物語が存在する。規模を縮小し、簡素化し、時に優雅さを漂わせながら、以前とは異なる生活スタイルを送っている人々の物語である。

とはいえ、でたらめなあらすじを下敷きにしたテレビ番組のような嘘、実際の生活とは何ら関わりのない誇大広告も少なくない。これはじつに嘆かわしいことだ。

私たちが出版した2冊（『Tiny Homes』『Tiny Homes on the Move』）はタイニーホームに関する本だったため、私自身はこの話題に精通しているつもりだ。タイニーハウス・ムーブメントを数年にわたって調査（そして考察）した末、私は次のように結論付けた。重要なのは、家が「小さい」ことではなく、家を「小さくする」ことだ。その目的意識こそが大切なのである。タイニーハウス・ムーブメントは、ある種の呼びかけとして、私たちの意識に変化を求めているのかもしれない。

『Small Homes』

この本では、「タイニー」な家より大きく、全米平均より小さな家を紹介している。タイニーホームについて経験を積んだ私たち Shelter Publications にとって、本書の出版は理にかなったステップと言えるだろう。

アメリカの平均的な家と比較すると、Small Homes は低価格で、資源の使用量が少ない。冷暖房の効率が良く、維持や修理の費用も安く済む。一部を除き、こうした住宅の床面積は400〜1200平方フィート（約37〜111㎡）で、一般的なアメリカの新築住宅の半分以下である（なお、私たちの既刊『Tiny Homes：Simple Shelter』に登場する住宅の床面積は、平均200〜300平方フィート〈約19〜28㎡〉だった）。

家の種類

本書『Small Homes』に掲載されている約65の家々は、独創的で芸術的なものからシンプルで低コストのものまでと多岐にわたる。手頃な費用でオーナーの住まいとなる簡素で平凡な建物もあれば、デザイン、木工、職人技、想像力、創造性、さらに家づくりの見本というべき刺激的な建物もある。

いくつかの家はコブや藁などの「天然素材」で建てられ、また別のいくつかの家はリサイクル材や、その場で製材された木材で建てられている。古い家を改築した家もあるし、設計から建築の全工程をオーナーが手がけた家も少なくない。

多くの家は田舎にあるが、小さな町にも、大都市にも見られる。ある意味、これは過去の時代に、つまり利用できる資源が少なかった時代に戻りつつある現象と言えるだろう。

すべては手の中に

40年以上という時代を網羅する Shelter Publications の書籍。その根底にあるのは、人は自らの手で、主に天然素材を利用し、マイホームを建てられるというテーマだ。

私たちの書籍に登場する家のほとんどは、オーナーが自ら作業をして建てた家である。オーナーのなかには、自分の計画を実現するためにビルダーを雇った人もいる。

ここには、昨今のデジタル時代にも通用する、昔ながらの考え方が表れている。コンピューターを使っても、マイホームは建てられない。今なお必要なのは、ハンマー（またはネイルガン）であり、ノコギリであり、そして人間の手なのである。

島の家

家が建つまでには 19 カ月を要した。

2014年4月、カナダ・ブリティッシュコロンビア州のある島を旅行中、私はロイド・ハウスのもとを訪ねた。ハウスは私が世界一好きなビルダーの1人なのだが（『Builders of the Pacific Coast』を参照）その彼がこう言った。「ところで、この近くにぜひ見てもらいたい家があるんです。私がこれまでに滞在してきたなかでも、最も美しい家かもしれません」

そんなことを聞かされたら、見ないわけにはいかない。そこで私は車を走らせ、グラハムとグロリアのハーバート夫妻に会いに行った。ハウスが言っていたとおり、夫妻の家はこの上なくすばらしかった。よく考えて設計され、細部まで作り込まれた、芸術的で、カラフルで、家庭的な家だった。

グラハムとグロリアは、世間から注目されることを少しも望んではいなかったが、私たちの出版する書籍のことは知っていて、写真を無断で公開しないのであれば、撮影をしても構わないと言ってくれた。

そういうわけで、訪問から1年半後、私はこの本について夫妻に説明し、写真を公開する許可を得た。本書の最初に登場するのがまさにその家であることは、み

デザインに曲線を取り入れたのは、
グラハムが船大工の
2代目だったためである。

なさんもお気づきだろう。

以下に、グロリアが電話で聞かせてくれた詳しい話を紹介する。

——ロイド・カーン

グロリアとグラハムはこの小さな島で交際を始め、やがて家を建てようと決めた。「家を建てたらパーティーを開いて結婚するつもりだ」と、ある友人に話した。

すると友人は言った。「結婚が先だ。家はその後で建てればいい」——結局、彼らは友人の言葉に従った。家づくりにはストレスが多かったが、夫婦になった以上は、なんとしてでも問題を解決しなければならなかった。

私が現地にいたとき、グロリアから聞いた話によると、夫妻は建築中に「活発な話し合い」を——つまり何百回も口論をしたそうだ。何をめぐっての口論だったのかと尋ねると、グロリアは笑って答えた。「100回以上は同じことで言い争いをしていました。結果的には、2人で勝利をつかんだのですけれどね」

夫妻の家はとにかく居心地がよかった。木や石、緻密な職人技、鮮やかな色、絵画、布、貯蔵食品——すべてが美しい住まいを作り上げていた。

夜になると丸太探しに漕ぎ出し、見つけた丸太はけん引して持ち帰った。

家が建つまでには19カ月を要した。まず、グラハムは模型を作った。夫妻が理想としていたのは背の低い家だった。デザインに曲線を取り入れたのは、グラハムが船大工の2代目だったためである。

夫妻は枠材を購入したが、柱や梁はビーチで手に入れた。それ以外の木材——床用、壁用、カウンター用、天井用——はみな、建設地を更地にする際に伐採された木（バルサムファーやダグラスファー）から製材した。

石は別の島の砂利採取場で入手し、階段や窓の額縁に使用する丸太は近隣のビーチで集めた。グラハムは長さ18フィート（約5.5m）の木製手漕ぎボートを作り、夜になると夫婦で丸太探しに漕ぎ出した。見つかった丸太はけん引して持ち帰った。「たとえば、長さ8フィート（約2.4m）の右曲がり

の丸太が必要なら、そういう丸太を探しに出かけるのです」

グロリアは言う。「グラハムも私も、1つ目の外窓に額縁を取り付けるのには苦労しました。それを終えると、夫が私に言ったんです。君は僕のやり方に干渉しすぎるから、大工を探して手伝ってもらえ、って」

夫妻は地元の建築業者を4軒回り、ようやく見つけた1軒の業者が、流木の丸太で窓額縁を取り付けることを快諾してくれた。この作業には3週間かかった。窓ガラスは天窓を含めて70枚あるため、家は木々に囲まれながらも、明るさに満ちている。

この家は放射暖房を備えており、配管は床下に敷かれている。

床面積：1,200平方フィート（111㎡）

それ以外の木材——床用、壁用、カウンター用、天井用——はみな、
建設用地を更地にする際に伐採された木（バルサムファーやダグラスファー）から製材した。

More...

ハウスが言っていたとおり、
夫妻の家はこの上なくすばらしかった。
よく考えて設計され、細部まで作り込まれた、
芸術的で、カラフルで、家庭的な家だった。

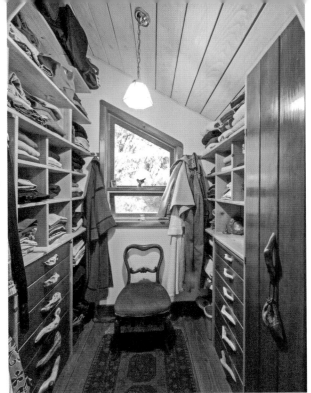

……緻密な職人技、鮮やかな色、絵画、布、貯蔵食品
——すべてが美しい住まいを作り上げていた。

More...

石は別の島の砂利採取場で入手した。

浴槽にはゴム製の防水シートを敷き、鶏舎用金網を重ね、その上から刻んだ
グラスファイバーを含むフェロセメントを塗って、滑らかな石を埋め込んだ

暖炉や煙突の石細工はすべてグロリアが担当した。7カ月かかったそうで、「その作業中は
グラハムをイライラさせずに済みました」と笑う。モルタルは手押し車の中で混ぜた

窓ガラスは天窓を含めて70枚あるため、家は木々に囲まれながらも、明るさに満ちている。

More...

グラハムの工房兼スタジオ。上の階で絵を
描き、下の階でボート作りなどを行う。14
ページの写真左上と、15ページの写真上下
は、グラハムとグロリアの撮影によるもの

バンクーバー島のシェイクコテージ

ブルース・ウィンクラー

このコテージを初めて目にした人はみな、微笑みを浮かべる。

特別な場所にふさわしいコテージのデザインを探してネットサーフィンしていたとき、たまたまLindcroft Homesのウェブサイトを見つけた。そのサイトで見た子供用の風変わりなツリーハウスは、私の心に何かを訴えかけた。

さっそく連絡し、似たような路線のコテージをカナダ・バンクーバー島にも建ててもらえないかと相談したところ、私に見せたいデザインがあるという。2009年の夏、私たちは初めて顔を合わせた。

場所は気に入ってもらえたし、私もLindcroftのデザインなら建設用地にぴったりだと感じた。コテージは1kmにわたって続くゲート付きの私道の端にあり、海からしか見ることができない。

工事は2009年10月から始まった。ティムもダニエルも（＊）バンクーバー島に近い本土に住んでいたが、建設中は島で家を借りていた。

厄介な現場だったため、すべての資材は自分たちで運ぶ必要があった。何ひとつ楽ではなかったが、私たちはみな、このプロジェクトを完成させれば苦労が報われるはずだと信じていた。それは労働への愛だった。このコテージのあらゆる側面に、大きな気配りが込められた。

木材、床板、玄関ドア、窓はいずれも、友人の所有地で伐採された木を地元で製材して作った。シェイク

＊ビルダー：ティム・リンドバーグ（左）とダニエル・ハスクロフト（右）

（割り板）はこの島の業者に提供してもらった。ちなみに、小屋の頂上部のシェイクは蒸してカーブをかけ、刃の曲がったなたを使って軒に丸みをつけている。なんと手間のかかる作業だろう！

ティンバーフレームが建てられると、水準器はもう役に立たなくなった。理想的なラインを実現するため、ほとんどの板はカスタムカットされ、うんざりするほど時間がかかった。このコテージを建てていた男たちにはわかっていたのだろうが、気骨のない人間には向かない仕事だ！　地元の金属作家のジェイク・ジェームズは、玄関ドア

の金物類と、マッシュルーム型をした浴室の通気口を製作してくれた。見渡す限り、資材は土地固有のものというわけだ。

ティムとダニエルは、2010年3月に基礎構造を完成させた。内装を終えるまでには、それからさらに4カ月を要した。

このコテージを初めて目にした人はみな、微笑みを浮かべる。

ティム、そしてダニエルと共同作業ができたことは光栄だった。私たちは今後、また同じようなプロジェクトを考えている。

床面積：600平方フィート（56㎡）

www.lindcroft.com

ある日、沿岸警備隊が視察にやってきた

小屋の頂上部のシェイクは
蒸してカーブをかけている。

コテージは1kmにわたって続く
ゲート付きの私道の端にあり、
海からしか見ることができない。

それは労働への愛だった。

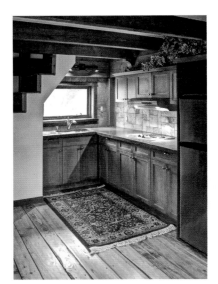

ヴィンの小さな家

ヴィン・ジョン・ゴーマン

ヴィンは幼い頃から絵を描き始めた。アメリカ・ニュージャージー州で育ち、高校時代には1枚5ドルで同級生の似顔絵を描いていた。「8～10時間かけて1枚を仕上げていました」とヴィンは言う。

カリフォルニア州にやってきたのは18歳のときだった。やがて現地の廃材を利用し、ハンボルト郡の森の中に初めてのマイホームを設計・建築した。

私たちは60年代や70年代について語り合った。当時は多くの若者が人生に目的を見出そうともがいていた。ビジネスの世界には進みたくなかったし、会社のために働くのも嫌だった。「みんな、自分のやりたくないことはわかっていました。けれど、自分のやるべきことはよくわかっていなかったのです」とヴィン。

「どうやってローンなしで家を手に入れるべき

か？　どうやって建築の方法を学ぶべきか？　どうやって食物を育てるべきか？　それで『Shelter』を買い、『Whole Earth Catalog』を――DIYムーブメントに貢献したあの雑誌を――買って、仕事をするようになりました」

ヴィンは才能豊かなアーティストであり、優れた大工でもある。つまり、二重の幸運に恵まれているということだ。だから、彼は自分で設計したものを何でも建てられる。

「私はいつも挑戦がしたかったんです。だから、螺旋階段、複雑な寄棟屋根、曲線をそれぞれ違う垂木で表現してきました」

ヴィンは大工として働いた後、80年代には現場監督として10軒ほどの建築に携わった。それ以降は多様で芸術的な建物をいくつも完成させており、代表作にユーカリの種の形をしたサウナがある。このサウナは『Builders of the Pacific Coast』（p.204

～205）に掲載されている。

ここで紹介するヴィンの現在の自宅は、約3万5000ドルで建てられた。ヴィンによれば、完成までにはさらに約5000ドルが必要だという。完璧に作り込まれた、カラフルで雰囲気のいい家である。配管工事や電気工事を含めて、ヴィンはこの家を完全に独力で建築した。

いまは雨水貯蔵タンクを設置中で、まもなくソーラーパネルによるオフグリッド（電力網に未接続で電力を自給自足している状態）になる予定だ。

このところ、ヴィンはユニークなプロジェクトを探し求めている。「お金は儲からなくていいんです。私の技術を生かせるようなプロジェクトを探しています。誰かの夢を叶える手助けもできるかもしれません」

床面積：650平方フィート（60㎡）

ヴィンの現在の自宅は、
約3万5000ドルで建てられた。

More...

ヴィンは才能豊かなアーティストであり、
優れた大工でもある。
つまり、二重の幸運に恵まれているということだ。

「私はいつも挑戦がしたかったんです。だから、螺旋階段、
複雑な寄棟屋根、曲線を、それぞれ違う垂木で表現してきました」

More...

「誰かの夢を叶える手助けもできるかもしれません」

カリフォルニアの山麓に建つマイク&シエラの家

マイク・バシッチ
Photos by Ben Gavelda & Mike Basich

「ストーブが家を暖めている間、バーナー2つとオーブン1つで調理ができます」

マイク・バシッチは、私たちの既刊2冊にも登場している。『Tiny Homes』では、マイクの太陽光発電と太陽熱を利用した木造、石造り、ガラス造りの家を取り上げた。『Tiny Homes on the Move』では、独創的なカスタムピックアップトラックとスノーモービル運搬車を紹介した。

マイクは世界的に有名なスノーボーダーであり、かつてはスノーボードを履いたまま、地上100フィート（約30m）を飛行中のヘリコプターから飛び降りていた。同時に世界的なビルダーでもあり、木、石、金属、ガラスを使った建築を行っている。

2015年1月、マイクとガールフレンドのシエラは、カリフォルニア州ネバダシティ郊外の太陽地帯に2.5エーカー（1ha）の土地を見つけた。

私と息子のエヴァン（4年ほど前にマイクの存在を見つけたのは息子だ）はマイクにインタビューを行い、この土地について、建築の詳細について、庭について、料理について、そしてマイクが最近スノーボードで挑んだ冒険について話を聞いた。

──ロイド・カーン

──購入時の土地の状態を、建物のことも含めて教えてもらえますか？

「この土地に巡り合ったのは、ある日の夕暮れ時でした。とても静かなところで、砂利道の端に2.5エーカー（1ha）にわたって広がり、標高は2300フィート（約700m）。森に囲まれているので、多くの野生動物がやってきます。家の近くの茂みにキツネが住んでいますし、シカも毎日たくさん見かけます。鳥もあちらこちらにいますね。

池があり、谷の眺めがすばらしい場所です。2軒の家畜小屋（今年の夏には動物を集めようと思います）と車庫もありましたが、車庫はダンススタジオに改装しました。

建物はどれも60年代に建てられ、

「この土地に巡り合ったのは、ある日の夕暮れ時でした。とても静かなところでした」

24

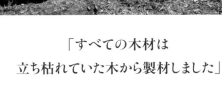

「すべての木材は
立ち枯れていた木から製材しました」

写真上と右上：カリフォル
ニア州ドナーレイク近郊に
あるマイクの所有地から木
を切り出し、製材する
写真左と右：骨組みを開く

「壁と天井を引きはがすと、
8面でできている
八角形の家なのだと
わかりました」

長いこと空き家になっていました（ネ
ズミがたくさんいました）。そこで、
僕たちは家の内部を取り壊しました。
壁と天井を引きはがすと、8面ででき
ている八角形の家なのだとわかり
ました。それまで僕が住んでいた小
さな家は五角形でしたから、とても
しっくりくる感じがしました。その
時点で、僕はもう妻のシエラと生活
を共にしていたので、家をいくらか
大きくすることは重要で、人生の新
たな目標になっていました。
　建設を始める前に、僕たちは大量
に木を植えました。敷地境界線に沿
って、40本の果樹と、さまざまなセ

コイアメスギを植えたんです。最初
にすべきは植樹だということは、過
去の経験から学んでいました。改築
していると時間はあっという間に過
ぎますが、木の成長には時間がかか
りますからね。
　家の広さは825平方フィート（約
77㎡）で、僕たちにはぴったりです。
開放感を感じられるように、天窓と
引き戸をいくつも追加しました。す
べての木材は（直近のプロジェクト
で建てた）僕のキャビンがある土地
で立ち枯れていた木から製材し、フ
ローリング、額縁、キッチン用のス
ラブなどに使いました」

改築中、所定の位置に貼られた
断熱パネル

改築前と改築後のキッチン

More...

「育てているのは、レタス、ビーツ、ニンジン、
ケール、トマト、パセリなどいろいろです」

——庭では何を育てているのですか？

「庭はすぐに設けました。木製の苗床を作り、高価な堆肥をまいたのですが、高いだけの価値は十分にありました！ 良質な堆肥を買えば、雑草が生えにくくなるんです。

育てているのは、レタス、ビーツ、ニンジン、ケール、トマト、パセリなどいろいろです。庭で採れた野菜は、Goal Zeroのソーラーパネルを使って、その場でミキサーにかけています。そうすれば最高に新鮮ですからね」

「シエラも僕も火を使って料理をするのが好きなので、暖炉に調理機能を取り入れることにしました。ストーブが家を暖めている間、バーナー2つとオーブン1つで調理ができます。暖炉をこうして最大限に活用できるのはすばらしいことです。

生活環境の温度はいつも重視しています。たとえば、冷蔵庫裏の通気口が屋外に出るようにしておけば、冬場はモーターをそれほど稼働させる必要がありません。そのうえ、騒音も抑えられます」

「生活環境の温度は いつも重視しています」

More...

「開放感を感じられるように、天窓と引き戸をいくつも追加しました」

「家の広さは825平方フィート（約77㎡）で、僕たちにはぴったりです」

「色選びでは、すばらしいプロセスを経験しました」

「色選びでは、すばらしいプロセスを経験しました。シエラが塗料を混ぜてスプレーガンに詰め、僕が家中を移動しながら壁に吹き付けていったんです。どの部屋も、一方の側からもう一方の側へ移るにつれ、ある色が別の色へと薄れていきます。これは優れたカラーセラピーであるだけでなく、僕の人生の変化を表しています」

——最近、スノーボードの世界ではどんな活動をしているんですか？

「最新リメイク版の『ハートブルー』（邦題『X－ミッション』）でスタントの仕事をしたばかりです。9週間かけて、映画に使用する2分半の映像を撮影するというプロジェクトでした。このレベルの作品は僕にとって初めてでしたし、厳しくもやりがいがありました。スタントシーンはすべてイタリアで、ヘリコプターを使って撮影しました。

ドナー・サミットにある僕のキャビンでは、手作りのチェアリフトを楽しんでいます。ようやく雪に恵まれる年がやってきたので、ついに自分のリフトを使うことができて最高でした。スノーキャット（圧雪車）の後ろにスキーを取り付け、タイニーハウスを乗せて山頂まで引いていったりもしました。そんな風にタイニーハウスと旅をして、雪の上に一夜のゲストハウスを築いたのは楽しかったですね。噂が広まると、ゲストもたくさん来てくれました。プライベートチェアリフトが隣にあるタイニーハウスだからこそ、そういう体験もしてもらえるんだと思います。

HGTVでは2つの番組に出演しました。1つは『Tiny House – Giant Journey』、もう1つはアラスカを舞台にした、辺境地を飛ぶパイロットの番組『Alaska Extreme』です」

床面積：825平方フィート（77㎡）

www.241-usa.com

サーファーの楽園

ディーノ・コロンボ

　私はディーノのことを、数年間、北カリフォルニアのビーチタウンに暮らす華やかな人物として——サーファー兼アーティストとして——間接的に知っていた。ある日、海辺を歩いていると、カイトサーフィンの凧とカーブボードを手にしたディーノを見かけた。いまからタイヤの空気を抜いて、ボードで砂浜を滑るところだという。海辺にあるディーノの自宅近くで立ち話をしていたので、私は彼に家の中を見せてもらえないかと尋ねた。

　そこはサーファーの楽園だった。海と関連したアート作品が隅々まで飾られており、それらの作品はたいていユーモラスだった。小さな浴室と小さなキッチンがあり、キッチンには24inch（約61cm）のWolf Rangeらしきものが備えられていた。ディーノはこの場所で19年間暮らしている。「ここにあるがらくたは全部、自分で見つけたり、人からもらったりしたものです。オンラインや雑貨屋で買ったものは1つもありません」

　ディーノは若い頃、働いていたサーフショップで『Shelter』に出会い、ビーチへやってきたのだそうだ。この本がきっかけで当時暮らしていた郊外を出たくなり、海辺に移住して、そのままずっと離れずにいる。「この場所をただ愛しているんです」

　ディーノの家は、サーファーらしい明るい雰囲気を持っているだけでなく、カラフルで清潔感を感じさせる。
——ロイド・カーン

床面積：470平方フィート（44㎡）

ディーノの家は、サーファーらしい明るい雰囲気を
持っているだけでなく、カラフルで清潔感を感じさせる。

そこはサーファーの
楽園だった。

ハワイ島に建つウェイン&ナンシーのキャビン

2015年1月にハワイへ旅立つ前、私は友人のルイ・フレージャー（＊）から、ウェインとナンシーをぜひ訪ねるべきだと勧められた。フレージャーによれば、ウェインはハワイ先住民で、アウトドアを好み、猟師でハイカーで大工で音楽家なのだという。しかも、私とウェインには多くの共通点があるとのことだった。

ルイの勧めは正しかった。人里離れたキャビンまでの長い道のりをドライブして、ウェインに会うと、私は彼のことをずっと前から知っていたような気がした。

その日の午後、ウェインと私は田舎の散策に出かけ、ほかの辺鄙な場所にあるキャビンや別荘を探した。

ウェインとナンシーの家は、まるでわが家のようだった。その夜、私はナンシーの用意したすばらしい夕食をご馳走になった。ヘラジカのシチューに、デザートのキラーパイだ（「キラーパイ」とは、シリアル（cereal）を使った甘いパイのこと。「シリアルキラー（serial killer）」にかけてこう呼ばれる）。

何年も前にルイ・フレージャーからウェインに贈られ、読み古された『Shelter』

ウェインのトラックの運転席

ウェインは私に、読み古された『Shelter』を見せてくれた。それは何年も前にルイから贈られたもので、ウェインはルイにさまざまな点で影響を受けてきたのだそうだ。

＊ルイはビルダーとして『Home Work』（p.2～9）に登場する

——ロイド・カーン

ウェインとナンシーは、ハワイ諸島のひとつに小さなサマー・キャビンを所有している。建てられたのは1931年で、6人から7人のオーナーがいた。ウェインがこのキャビンを購入した当初、室内は暗い灰色に汚れていた。「まるで洞窟の中で暮らしているみたいでした」

ウェインは木工職人で写真家でビルダー。そして「何でも屋」だと本人が言うように、ミュージシャンとしても活動している。ナンシーはアーティストで庭師で料理人で主婦でもある。

ウェインはまずキッチンの平天井を取り払い、キッチンに渡された軒桁の高さに合わせて、4inch（約10cm）×6inch（約15cm）のモントレーサイプレスの梁を入れた。この梁は、1936年に敷地に植えられ、1982年の巨大ハリケーンで倒された木からウェインが製材した。

リビングの天井は波形金属板で、断熱材は使われていなかった。垂木はオヒアレフア材（無処理）の丸棒だった。ウェインは、厚さ4inch（約10cm）のバット状グラスファイバー断熱材を入れ、それをCanecパネル（ヒロの街で、サトウキビ製糖時の搾りかすから作られるパネル）で覆った。

ある日、屋根が雨漏りしだしたので、ウェインはその箇所を見つけるため、金属の屋根板の1枚を取り外した。「まあ、驚いた！」とナンシーは声を上げた。部屋に光が注ぎ込み、雰囲気ががらりと変わったからだ。金属板がポリエチレン・プラスチックの屋根板に置き換えられると、部屋は光で満たされた。

ウェイン&ナンシー

ウェインは、寝室の低い天井もはぎ取った。それから浴室の上にロフトを設け、寝室からも利用できるようにした。

古い鉄管の配管システムは銅管に置き換えられ、太陽熱温水器が備えられた。

ウェインによると、この家を購入した当初、周囲には深々としたジャングルが広がっていたそうだ。窓の外には何も見えなかったため、ウェインはマチェーテ（なたに似た山刀）、シャベル、つるはし、チェーンソーを使い、13年かけてジャングルを押しのけた。

この家は家庭的で、明るく、色彩に富んでいる。中に足を踏み入れた瞬間、私にはわが家のように感じられた。「居心地のいい家に見えるのだとすれば、それは大いにナンシーのおかげです」とウェインは言う。

床面積：1,900平方フィート（176㎡）

ウェインは木工職人で写真家でビルダー。そして「何でも屋」だ。

彼らがこの家を
購入した当初、
周囲には深々とした
ジャングルが
広がっていた。

サイプレスの梁の上に設けられた、収
納スペースの棚。深鍋とフライパンは、
頭部を切り取られたステンレス鋼のボ
ルトにぶら下がっている。ボルトの穴
は、治具を使って均一な角度に開けら
れた。柔らかいサイプレスが調理器具
にえぐられることを防いでいる薄板は、
イペ（別名「アイアンウッド」）という
極めて硬いデッキ材でできている

「まあ、驚いた!」とナンシーは声を上げた。室内に光が注ぎ込んだ。

More...

ALLOWED
THE
CHEN

F HEALTH

左側がキッチン、右側がリビング兼寝室。右側に見えるオヒアレフアの素朴な丸太柱と丸太梁（実は一種のトラス構造になっている）は、このキャビンに最初から備わっていた。左側のキッチンカウンターの真上で、ウェインは4inch（約10cm）×6inch（約15cm）のサイプレス材の梁を、同じくサイプレス材の柱に乗せ、梁の上に棚を作った

More...

壁は一重構造をしている（1inch〈約2.5cm〉×6inch〈約15cm〉のダグラスファーの無節心材をさね継ぎにしている）ため、外側にたわまないよう、もともとは軒桁の高さで枕木が渡されていた。ウェインは屋根を持ち上げられるようにこの枕木を外した際、写真に示す二重の枕木を作り、中央の柱を切り欠きに差し込んで、水平方向の支えとした。Canex（建築板）の天井パネルは、グラスファイバー断熱材を隠し、波形金属板の屋根に落ちる雨音を抑えるのに役立っている。網状のアルミ製通気口は、頂上付近の湿った空気を逃す。一重壁の住宅では、壁の補強材は外側に取り付けられることもあれば、このキャビンのように内側に取り付けられることもある。ウェインとナンシーのキャビンでは、これらの補強材は本来の役割のほかに、窓を支える役割も担っている。窓は開き窓だったが、引き違い窓に作り変えられた

この家は家庭的で、明るく、色彩に富んでいる。

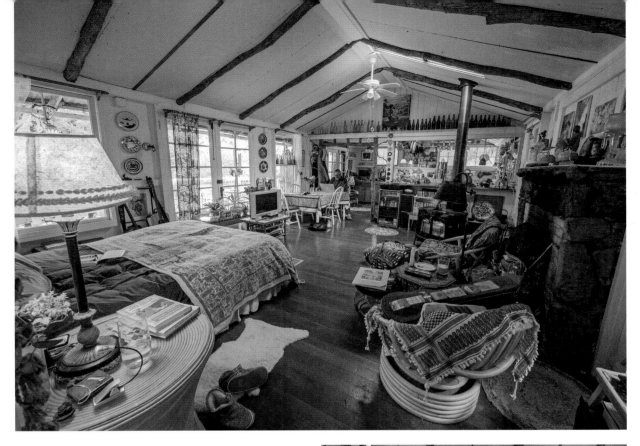

「居心地のいい家に見えるのだとすれば、
それは大いにナンシーのおかげです」

来客用の寝室

ディガー・マウンテン＊のキャビン

スコット・マクルーア

建設現場を見下ろす丘から二番生えのダグラスファーの木が選ばれ、切り出された。
これらの木材は集積場で切削され、
35マイル（約56km）離れた私の店までトラックで運ばれて加工された。

1971年、太平洋から道路で27マイル（約43km）離れたオレゴンコースト山脈の中心に、私のクライアントであるジェイは樹林地を購入した。現在建物が建っている場所のすぐ隣には古いキャビン（当初から敷地にあった2軒の家屋のうちの1軒）があり、その周囲には、南軒にぶつかりながら力強く生える3本幹のセコイアメスギの落ち葉が積もりつつあった。この家は、数多くの小さな生き物の住処だった。解体前に窓などの廃材を撤去したとき、私たちは、なかなか動きたがらないコウモリを助けてやった。この古いキャビンが取り壊されれば、多くの昔話が「時効」を迎え、ようやく安らかに葬り去られるのではないか—そう期待する人もいた。

アーティスト、陶芸家、陶芸講師として長年活躍する私のクライアントは、1990年、この土地に薪で焚く穴窯を作った。これはオレゴン州に作られた3つ目の薪窯だった。焚くのは年2回で、4日間の工程があり、4束以上の薪を消費して適温に達する。この工程を効率よく行うにはかなりの人数を要するため、6～7年前には、フル・バスルーム、作業用シンク、薪ストーブを備えた陶芸スタジオが建てられた。上階は寝泊まりする部屋として使われていた。このスタジオは暖かく乾燥していて、火入れ時やたまの訪問時に仲間がたむろする場所として役立った。だが、ジェイと彼のパートナー

が求めていたのは、火入れ時の待機所にできるような自分たちだけの空間であり、ジェイの引退後に「わが家」と呼べるような場所だった。

設計図を描いたのは、私の親友のテリー・ジョンソンだ。わずか1100平方フィート（約102㎡）強に収められたテリーの基本的な空間プランを守りながらも、私たちは上階にハーフ・バスルームを確保し（クリエイティブな配管工である私の友人パットのおかげだ）、頭上スペースに慎重に天窓を取り付けた。南端には12フィート（約3.7m）×12フィート（約3.7m）の屋根付きポーチを追加し、敷地の木材や、数本のセイヨウネズの柱を使って枠を組んだ。この柱は、草むらに山積みにされていたのを私たちが偶然見つけ、そこから拝借したものだ。北側の洗濯室のドアは、さらに小さい屋根付きポーチに覆われている。

建設現場を見下ろす丘から二番生えのダグラスファーの木が選ばれ、切り出された。これらの木材は集積場で切削され、35マイル（約56km）離れた私の店までトラックで運ばれて加工された。ボード＆バテン（板と角材を交互に並べる張り方）で張った外壁材も、その材料は敷地に生えていたダグラスファーである。ビッグリーフメープルやアメリカンホワイトオークも同様に製材され、最終的には外壁材、フローリング、階段部品、マントルピースなどの額縁に生まれ変わった。ドアと窓

の額縁は、古いキャビンから回収した無節のウエスタンレッドシダーでできており、倒木の山から直接切り出された耳付き板（樹皮を剥いた木肌や丸みが残っている板）がその上に載せられている。

垂木はさね継ぎのマツ材で覆われ、さらに9.5inch（約24cm）角の硬質発泡ポリスチレンフォームが断熱材として重ねられている。ティンバーフレームを包む2フィート（約0.6m）×6フィート（約1.8m）の壁には、グラスファイバーがたっぷりと吹き込まれた。床はバット状のR-38グラスファイバーで断熱されている。熱はソープストーン製の薪ストーブによって供給されているが、建築基準法を満たすため、電気ヒーターも3箇所（浴室、リビング、上階）に置いてある。照明はすべてLEDで、ティンバーフレームを見事に引き立てている。最小限の努力で快適さを保ちやすいとのことで、オーナーはこの空間を非常に気に入ってくれている。

このプロジェクトに携われたことは喜びだった。クライアントはすばらしい人たちで、私は幸運なビルダーだった。

床面積：1,100平方フィート（102㎡）

 www.confluencebuilds.com

※穴窯についての情報は **www.jaywidmer.us** まで

わずか1100平方フィート（約102㎡）強に収められた
テリーの基本的な空間プランを守りながらも、
私たちは上階にハーフ・バスルームを確保した。

More...

骨組みの計画は、完璧に連結された
ティンバーフレームとして実現した。
このフレームはオーナーの美学と相性が抜群で、
陶器を中心とする彼らのアートコレクションの
有機性を引き立てている。

このプロジェクトに携われたことは喜びだった。クライアントはすばらしい人たちで、私は幸運なビルダーだ。

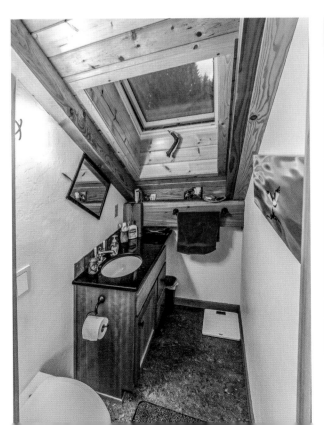

カナダのサンシャイン・コースト沿いに建つ木の家

マーリン・ハンソン

　8年ほど前、私たち兄弟はブリティッシュコロンビア州のサンシャイン・コースト（＊）に土地を購入した。ライアンは大きな店を、私は小さな家を建てるつもりだった。同じ頃、この場所の裏手では伐採が行われており、私たちは何本かの丸太を――二番生えのダグラスファーを中心に――購入した。それから1年間、私は縮尺模型を使い、じっくりと家の設計に取り組んだ。Mobile Dimensionの古い製材機で木を切削し、それらを数年かけて乾燥させる間に、建設現場を少しずつ整備した。海洋建設で働いていたので、自分たちが橋脚の下で使用しているシンプルで力強い工法を活用してみたかった。私は3回の夏を通じて家を建て、冬場は仕事の後や週末に作業を進めた。

　最初の夏はとにかく楽しかった。私は父と協力してティンバーフレームを完成させ、雨季が始まる前に屋根にデッキを取り付けた。

　同じ年の冬、発電小屋とポンプ小屋を建て、リンゴ園を設けた。翌年の夏には屋根を緑化し、家の外壁をシングル葺きにした。

　その年の冬、次の夏に家の内装を仕上げるための準備基地として、薪小屋を建てた。小屋の柱には廃材のスチールパイプを使い、家づくりで余った木も材料にした。パイプは、作業中に打ち込んだ杭の切れ端だった。柱の最上部にサドルを溶接して差し込み、巨大なモミの丸太2本を梁として架けた。ただし、時間に余裕がなく、まだボルトで固定はできていない。

　3年目の夏、配管、電気関係、断熱、プラスター、キッチンといった家の内装を整えた。

　その年の秋、私は娘を連れて、ここへ引っ越してきた。やるべきことはまだたくさんあるが、これだけの年月を要し、これだけ考え抜かれた、この空間で暮らせる気分は最高だ。

床面積：1,281平方フィート（119㎡）

instagram.com/hansonlandandsea

＊サンシャイン・コーストとは、カナダ本土の南西沿岸を走るハイウェイ101号線上を約100マイル（約160km）にわたって続く、バンクーバー北部の土地のこと

私たちは何本かの丸太を――二番生えのダグラスファーを中心に――購入した。

Mobile Dimensionの古い製材機で木を切削した。

More...

私は3回の夏を通じて家を建て、
冬場は仕事の後や週末に作業を進めた。

やるべきことはまだたくさんあるが、これだけの年月を要し、
これだけ考え抜かれた、この空間で暮らせる気分は最高だ。

ドイツの森の小さなティンバーフレームの家

マルコ・トラウス

Photos by Shahab Gabriel Behzumi

聖ヤコブの道（ドイツからスペイン北西部に至る巡礼路）を歩いていたとき、まさにその初日に、私のなかにある考えがひらめいた。学校をやめ、バスやヨットや徒歩で旅をするにしても、戻るべき家を持たずに新たな冒険を始めるのは決していいことではない。そう思ったのだ。

そこで私は方針を変え、どこにどんな家を建てられるだろうかと考えた。家族が森の真ん中にちょうどいい土地を所有していたので、そこにツリーハウスを建てることにした。1週間後、本を読み、木材を購入し、必要不可欠な工具を借りて、すぐ建築に取りかかった。

それはかけがえのない時間で、「やりながら学ぶ」のお手本のような経験だった。私は自分の成果をとても誇らしく思い、以降の5年間、そのツリーハウスをわが家とした。

その後はガーデニングを始め、パンやピザを焼くための石窯を伝統的な工法で作り上げた。何人かの友人、多くの訪問客、そして WWOOF（World Wide Opportunities on Organic Farms）の会員たちと、自分の人生を分かち合うようになった。

2015年、もっと広い生活空間が必要だと感じて、ティンバーフレームの家を建てようと決めた。敷地で木を切り倒し、それを移動式の製材機で切削してもらった。翌年、友人と一緒に、自分たちで木の加工を始めた。切断には95％の割合で日本製の手びきノコを使った。日差し

のなか、うるさい電気器具ではなく自分自身の体力を使って行う作業は、普段やっている建築とはまったくの別物だ！

この家の電力は太陽光と、近隣の水源から流れる水によってまかなわれている。温水を供給しているのはバイオマイラーという装置で、これは堆肥の山に特別な設計を施し、内側にパイプを通したものだ。雨樋はカラマツの

一枚板から彫り出した。屋根は120年前に手作りされた瓦で覆われ、粘土、藁、麻、羽毛の混合物で断熱されている。

いまや家は完成したので、私は今後、世界中で大工仕事を続けていきたい。

床面積：250平方フィート（23㎡）

バイオマイラー（コンポスト温水器）：
www.shltr.net/biomeiler

屋根は120年前に手作りされた瓦で覆われている。

切断には95％の割合で日本製の手びきノコを使った。

日差しのなか、うるさい電気器具ではなく
自分自身の体力を使って行う作業は、
普段やっている建築とはまったくの別物だ！

以降の5年間、
そのツリーハウスを
わが家とした。

リトアニアの小さな家

ダン・コンベリック

2003年、すべてをコンテナに積み込み、購入していたリトアニア北部の土地へ引っ越した。

大工を始めたのは、モンタナ州に住んでいた16歳のときだった。当時は皿洗い係をしていたが、カウンターの常連だったビルダーに働きぶりを気に入られ、仕事を提供してもらった。その後の2年間で、住宅の建設に参加し、『Shelter』の初版に出会った。あれは1973年だった。『Shelter』は私に大きな影響を与え、自分が模索すべき多くの道に向かって私の目と心を開いてくれた。

こうしたバックグラウンドがあったので、アイオワ州立大学で建築を学んでいた頃の私は反抗的だった。ほとんどの時間を過ごしていた構造工学の上級クラスでは、建築家をからかうのがお決まりだった。

建築の方法を知らない人間がなぜ建築家になれるのか、私には理解できなかった。後になって経験したことだが、建築家の無知は、ただそれだけの問題では済まされない。彼らが建築の方法やコストを知らなかったために、私は（ビルダーとして）プロジェクトをあっさり乗っ取ってしまったこともある。

大学に5年在籍した後、私は大工、現場監督、プロジェクトマネージャーとして働いた。1992年には独立し、建築、設計作業、高級住宅の請負を始めた。金持ちのために高価な家を建てることには、案外やりがいを感じられなかったが、ポジティブに考えれば、多くのすばらしい職人と出会い、彼らをよく観察して、彼らに問いかけ、学ぶことができた。

高級住宅の仕事は2003年まで続けたが、1994年の夏の3カ月間だけは中断していた。この時期、私はリトアニアに派遣され、現地の建築請負業者にアメリカのテクノロジーハウスの組み立て方を教えていたのだ。リトアニアは当時、最も新しくソビエト連邦から離脱した国だった。私は2週間ほどで「ここに住みたい」と決心し、それから数年かけて、リトアニアに移住する準備資金を貯めた。

2003年、すべてをコンテナに積み込み、購入していたリトアニア北部の土地へ引っ越した。そこではまず、3m×5mほどの小屋を作ることから始めた。骨組みは手切りの丸太で建てることにして、丸太の一部は購入し、残りは自分の所有する森から切り出した。電気や水道はなか

ったが、ひとまず住む場所ができると、私は小さなマイホームを建て始めた。

電気がないので、家は丸ごと手工具で建てた。ノコギリはいつでもよく切れるようにしておいた。垂木1本を切るのに150回のストロークを数えたこともあるので、当然ながら、ノコギリの手入れには細心の注意を払った。構造に関するバックグラウンドがあったおかげで、私は独自の工法を考案し続けることを恐れない。この家は、ティンバー／スタッド・フレームの家と呼ぶことができよう。

デザインは、土地固有の建築様式から大胆に拝借した。それ以外考えられなかったからだ。地域の住人は、何百年もかけて、住宅に最も適した形や機能を発展させていく。だからこそ、「モダンな」という名目で何か奇抜なことをしたり、景観を軽く扱ったり、現地の建築家の知恵を無視したりするのは、愚かな行為なのである。

幸い、プロジェクトの終わりごろには電気が届いたので、額縁の取り

付けや給湯に役立った。灯油を燃料としないランプや洗濯機などの、あらゆるちょっとした生活必需品も使えるようになった。

数年間暮らしたこの家は、私の人生における最愛の住まいだったと断言できる。もちろん、銀行ローンは組まなかったし、視界に入るすべてのものは私の作品だった。

思い出は色濃く残っている。工具の音より大きく聞こえるのが頭上を飛ぶコウノトリの羽音しかないほど静かだった日を、建築中に迎えた初めての夏を、26本の虹を見たことを、いまでも覚えている。だが、冬のリトアニアに押し寄せるシベリアの風のように、私も離婚という出来事に襲われ、新たな住居が必要になった。

私は首都ヴィリニュス近郊に4.9haの敷地を見つけた。そこには電気が引かれた築70年のログハウスと、40本の古いリンゴの木があった。水道はなかった。

最初の年、私は屋外トイレを建て、庭づくりを始めた。古い手掘り井戸から水道管も引いたが、この水道管は夏用で、気温が摂氏0度を下回るとたちまち凍結した。私は新たに小さな家を建てる場所を選び、基礎工事に取りかかった。

小さな家のもう1つの長所はこの点にある。
家が小さければ、それほど多くの費用も、それほど長い作業時間も必要としないのだ。

電気が届くと、建築はかなり捗るようになった。それでも、実際に住める家ができあがるまでには、3回の夏を要した。木造の屋根を除いて、私は今度もすべての仕事を自分だけでこなした。

この家に特別変わったところはない。ただ、断熱については例外だろう。私は木材で家を暖めるのが好きだが、大量の薪割りにはうんざりする。断熱材は高価で、設置にはとても労力がかかる。だが、小さな家のもう1つの長所はこの点にある。家が小さければ、それほど多くの費用も、それほど長い作業時間も必要としないのだ。

私は外装を施工する際、熱の喪失につながる3つの原因——伝導、対流、放射——に注意した。すると、これが功を奏した。昔のログハウスでは腕いっぱいの薪を1日に6束使っていたのが、新しい家では1束で済むようになった。窓にはガラスを三重に入れてある。リトアニアで暮らしている人間は、とにかく冬のことを考えなければならないのだ。

以前の家を失ってからわずか3カ月後、私はこの家に入居できた。広さは約42㎡あり、言うまでもなく十分だ。東側には寝室を追加するかも

しれないが、そこからはすばらしい眺めが期待できる。そして万が一、誰かが訪ねてきたときのために、2台目のベッドを置くことも考えている。

ロイド・カーンに感謝したい。私がこの旅に出かけることになった、そのきっかけを与えてくれたのは、おそらく彼だ。1973年の『Shelter』以上に私を刺激する出版物はなかったと思うし、この本が存在しなければ、私はまったく違う道へ進んでいただろう。老子の言葉を引用するなら「どれだけ賢い人でも、師を敬わず、弟子を大切にしなければ、道を誤る」

『Shelter』に出会った当時、私は16歳だった。60歳近くなったいまも、目標にしていることは昔と変わらない。私は自分が所有する、自分で建てた家に住み、自分で食べ物のほとんどを育て、持続可能性を追求している。激しい出世競争からは遠く切り離されているので、やじを飛ばす群衆の声すら聞こえてこない。

ありがとう、ロイド。

床面積：450平方フィート（42㎡）

カリフォルニアの森のキャビン
エド&マリリン・スタイルズ

敷地にあった古い鶏舎は、住居に改造された。

1965年、エドとマリリンのスタイルズ夫妻はアップステート・ニューヨークで結婚し、カリフォルニアへ向かった。エドは木工職人を目指していた。そこで、主要な木工具類（丸ノコ、帯ノコ、ジョイナー、シェーパー、かんな盤）を入手しようと、遠回りしてテネシーにあるPowermatic社のファクトリーに立ち寄った。

工具を満載したトレーラーでサンフランシスコに着くと、店を構えるための場所探しを始めた。偶然が重なり、夫妻はサンフランシスコ北部の森にある丘の中腹に土地を借り、やがてそこを購入した。

「私にとって理想的な場所です」とエド。「この土地にいれば生活もできるし、仕事もできる。それに街に行けば、散策したり音楽を楽しんだり、といったことが何でもできます。まあ、あくまでも想像であって、私はやったことはありませんがね（笑）」

敷地にあった古い鶏舎を住居に改造した。エドが何年もかけて全体を建て直したのだ。まずは、垂れ下がった屋根を4フィート（約1.2 m）×6フィート（約1.8 m）の廃材で補強し、その後に上階に寝室とサンルームを作った。浴室を修理し、ユニークな形の木桶を追加した。エド

はこの桶を「乳しぼり娘のバケツ」と呼んでいる。

使用した木の大半は廃材だった。「木を愛しているのでね」とエドは言う。「自分で作るほぼすべてのものには、セコイアメスギを使います」

「この家のいいところは、小さな寸法で、とても軽い造りをしているところです。安価という点では、ビルダーに建てられるどんな建物にも負けません。使うのは廃材だって構いませんよ」

これまで長年にわたり、エドは注文家具を作り、5軒の住宅と1軒の店を手がけ、小さな家を改築してきた。

 エドが作った家具はこちら。
www.edstiles.com で

床面積：1,248平方フィート（116㎡）

**何年もかけて、
エドが全体を建て直したのだ。**

使用した木の大半は廃材だった。

「木を愛しているのでね」と
エドは言う。

「私にとっては建築というより舞台デザインに近かった」

カリフォルニアの森のオフグリッド・キャビン

トニー・アンダーソン

70年代、私は兄弟と一緒に北カリフォルニアの辺鄙な沿岸に土地を購入した。私たちの両親であるボブ・アンダーソンとジーン・アンダーソンはこのチャンスに飛びつき、現地に小さな家を建てた。

父は引退した映画製作者で、母は旅行代理店の経営者だった。2人は世界中を訪れた経験から、建築のアイデアを得ていた。

665平方フィート（約62㎡）のこの家についても、「私にとっては建築というより舞台デザインに近かった」と父は言っていた。

この家は標準的なスタッドの骨組みと、現地で製材した木で建てられている。父は外装にハーフティンバ

ーのファサードを追加し、仕上げに漆喰をはがしてレンガを露出させた。

この建物を即席の古い建物に見せようと、それもヨーロッパ風の古びた感じを出そうと、父も母も細部までこだわった。内装の柱や梁は、その場で切られて削皮された木でできている（母がドローナイフで製材した）。狭苦しく感じるのを避け、変化をつけるために設けてあるのは、複数の

出窓と玄関ヌックだ。

デッキは2カ所。1つは小川にかかる橋の先に、大きなモミの木を囲むように作られている。もう1つは、つたの這うモミの木を柱にした屋根に覆われている。

8フィート（約2.4ｍ）の木製スラブは半分に切って、厚さ3inch（約7.6cm）の作り付けダイニングテーブル／バーをこしらえた。すべての窓とドアは再生

材から作られている。

上階に行くと、小さな屋根付きのポーチがある。ここに座れば、下に広がる渓谷を眺めることができる。その数歩先にあるのは、ボトル壁（ガラス、プラスチックボトル、プラスチックのびんなどで作られる壁）のシャワー室を備えた浴室だ。

この家全体からは、オフグリッドな空間に特有の、内省を促すような静けさを感じられる。ここにはインターネットもなければ、携帯電話の電波もない。あるのは、海と森を見下ろす、ハーフティンバー様式の快適なコテージだけだ。

床面積：665平方フィート（62㎡）

内装の柱や梁は、その場で切られて削皮された木でできている。

下の写真3点は、2016年にシエナ・アンダーソンが撮影した（右上の写真中央にいるのがシエナ。この写真は2005年に私が撮影したもので、シエナは当時12歳だった）

ここにはインターネットもなければ、携帯電話の電波もない。
あるのは、海と森を見下ろす、
ハーフティンバー様式の快適なコテージだけだ。

カリフォルニア沿岸に建つ木造の家

……私の一族がこれまで150年間住み続けてきた土地がある。

グネル・タウトリム

カリフォルニア西海岸に、私の一族がこれまで150年間住み続けてきた土地がある。購入したのは1866年。6代目にあたる私は、この土地を少なくともあと150年間はタウトリム家のものにしておくことに情熱を注いでいる。

私は従来の建築だけでなく、ナチュラル・ビルディングについても多少の教育を受けてきた。本棚には、ロイド・カーンの著書をはじめとするShelter Publicationsの書籍をいっぱいに並べていた。そこで自分と家族のため、小さくても快適な住まいを設計・建築する作業に取りかかった。

初めのうちは、誰かが置き去りにした材料を回収して再利用していた。プロの木工職人であり、自分の製材所を所有する私から見て、入手可能な資源が地域にあふれていることは明らかだったからだ。まだ完成には至らないものの（まったくその通り！）、現在この家には私と妻と息子2人が暮らしており、全員がそれを満喫している。

1100平方フィート（102㎡）のこの家は、ナチュラル・ビルディングの利点をいくつか備えた、お

およそスティックフレームの建物だ。骨組みの材料はすべて地元のマツの木で、近隣の土地に生えていた数本を製材した。

この家はパッシブソーラーデザインを採用しており、リビングには土間を、内装にはコブ壁（土や水に、藁などの有機繊維を混ぜて作る壁）を、外装には「チップスリップ（木くずを粘土で固めた資材）」壁を設けている。いずれも、建物に十分な熱質量を提供するための工夫だ。

内装用木材は、どれもその場で製材されたもの

だ。たとえば、床にはブラックウォルナットを、キッチンキャビネットにはシルキーオークとブラックアカシアを、羽目板にはレッドガムとレッドアイアンバークとイエローアカシアを、そしてキッチンカウンターにはスワンプマホガニーの大きなスラブを使った。セコイアメスギも多用しており、特注の樹皮付き窓額縁、バーカウンターの甲板、外装の相じゃくり板（厚みに凹凸をつけて貼り合わせた板）などの材料になっている。

雨水は残らずキャッチされ、最大容量6500ガロン（約2万4600ℓ）の貯水タンクに蓄えられる。

あらゆる生活排水はマルチ・ベイスン（植物の周りに溝を掘って木くずなどで埋め、そこに生活排水を流してろ過するシステム）を通して活用される。Sun-Mar社製のバイオトイレもある。屋外シャワーはフェロセメント構造になっており、下方の竹林に水を供給している。

床面積：1,100平方フィート（102㎡）

初めのうちは、誰かが置き去りにした材料を回収して再利用していた。

骨組みの材料はすべて地元のマツの木で、
近隣の土地に生えていた数本を製材した。

雨水は残らずキャッチされる。

More...

内装用木材は、すべて敷地で製材された。

この家はパッシブソーラーデザインを採用している。

The Leafspring

トラヴィス・スキナー
Photos by Rebecca Lamont

1984年製の古びたテリー・トーラスの
キャンピングカーからフレームをはぎ取り、
家の接地面に銅管で溶接した。

私は、木に対する強い感謝の気持ちとともに育った。父のウィリアム・スキナーは彫刻家で、優れた木工職人でもある。私は子供の頃からメリーランド州サイクスヴィルで自宅の手入れをする父を手伝い、長いリカーブボウからアーチトップのエレクトリック・ギターに至るまで、いろいろなものを作っていた。

2008年、ワシントン州オリンピアに移住し、エバーグリーン州立大学で土地利用計画を学んだ。重点的に研究していたのは、マイクロインフィル開発である。マイクロインフィル開発とは、建築環境を創造的に利用することで、開発地の占有面積を広げることなく住宅の多様性を高め、結果的にその住宅の密度をも高めようというものだ。私は大工、コンクリート工、電気工事士として生活費を稼ぎ、肉体労働者として仕事を覚えた。

The Leafspringは、マルチメディアアートや学問の試みを展開する場として建築を利用することを可能にしてくれた。この住宅は、形式と機能に関する実験場なのだ。建具からスイッチプレートに至るまですべての部材は、ノミやハンマーを使って作った。再利用することや形式にこだわらないことから生まれる創造性は、デザインを支える原動力になる。材料がデザインを決定づけるのは間違いなく、それは職人が素材を理解することでインスピレーションと制約の両方を常に受け取っているからだと、私は確信している。

私が建築に使うのは木材や金属だ。The Leafspringに使用した木の大部分は北西部の在来種で、そのほとんどは数マイル先にあるバンドソー製材所から入手した。ザディという13歳の青年と協力して全長20フィート（約6ｍ）のヨットを作ったときに、見返りとして地元のバンドソー製材所のオーナーが、ダグラスファー、ビッグリーフメープル、ハリエンジュ、ウエスタンレッドシダーを提供してくれたのだ。

金物は鋼鉄や銅でできている。私は、1984年製の古びたテリー・トーラスのキャンピングカーからフレームをはぎ取り、家の接地面に銅管で溶接した。ブラケットやコンポーネントは自分の鍛冶場で鍛造した。銅の部材については、オリンピア在住の金属作家ビル・ドーソンとトラヴィス・コンの助けを借り、夕方や週末に彫刻、溝彫り、鍛造、鍛金、リポウズ（＊）を施した。

この家を特徴付けているのは、雲梯状の階段、伸長式ダイニングテーブル、クラゲを模したシャンデリア、特注のドアと窓、玄関ポーチ、そして愛犬の「ピー」だ。

＊「リポウズ」とは、フランス語で、裏面をハンマーで叩いて浮き彫りにするデザインのこと

床面積（軒下部分を含めて）：400平方フィート（37㎡）

私が建築に使うのは木材や金属だ。

建具からスイッチプレートに至るまで、すべての部材は手作りされている。

太平洋岸北西部に建つ
八角形のシダーの家

マーク＆ルティエ・トンプソン＝クレイン

『Shelter』に登場する手作りの建物には感心していたが、
理想の家を1年以内に建てられるだけの工具も、技術も、経験も私たちにはなかった。

私たちはカスタムメイドの「パッケージ・ホーム」を選んだ。

私たちは、いずれ広い庭付きの小さな家を建てるつもりで、太平洋岸北西部の静かで美しい森林地域に移住した。所有していた土地は深い森に覆われ、露頭がまばらに見えるだけだった。そのため、時間と資源が手に入るようになってから、私たちはプロジェクトに着手した。

スタートはゆるやかだった。1年目に手作業で小道を切り開き、2年目にテント付きプラットフォーム、屋外トイレ、私道を設け、3年目に電力を導入した。飼っている馬2頭と工具のために納屋も建てた。私たちは近くの農場で住み込みの管理人として働いていたので、自分の所有地に移ることを焦ってはいなかった。

ところが、計画が変わった。農場主が亡くなり、状況が一変したことで、私たちは10年計画を1年計画へ短縮しなければならなくなったのだ。『Shelter』に登場する手作りの建物には感心していたが、理想の家を1年以内に建てられるだけの工具も、技術も、経験も私たちにはなかった。この辺りでは建築にかかる費用は極めて高く、信頼できる請負業者は何年も先まで予約で埋まっている。できるだけ早く入居するための手段として、私たちはカスタムメイドの「パッケージ・ホーム」を選んだ。

Pan Abode Cedar Homesは、私たちの手描きの図面に沿って仕事を進めてくれた。岩盤の露頭の上に家を建ててほしい、材料は自然で毒性の低いものを使ってほしいというこちらの希望を尊重し、設計を考えてくれた。

同社のスタッフは、梁、ブラケット、天窓3点、屋根材などを大型トレーラーいっぱいに積んで運んできた。これで、内装の仕上げ材以外に必要なものはすべて揃った。

私たちは地元の請負業者を雇い、作業チームに加わってもらった。建設に要した期間は5カ月。内装には作り付けの棚や収納スペースを追加した。

広さ946平方フィート（約88㎡）、八角形で、寝室が1部屋あるわが家は、シダー材でできた外壁と、ラップアラウンド・デッキを備えている。内装用パネルには1inch（約2.5cm）×6inch（約15cm）のモミ材を、フローリングには余ったユーカリ材を、キッチンキャビネットにはアルダー材を、家全体の額縁にはモミ材を選んだ。木材に塗装などの仕上げは施していない。壁にはデニム製の断熱材を入れたが、郡の建築基準を満たすため、床と天井にはバット状のグラスファイバーを使わなくてはならなかった。防湿材にはFSK(Foil Skrim Kraft)を使用している。

私たちは当初、太陽光発電や風力発電を導入しようと考えていた。しかし、日の当たる場所が狭すぎて、家全体には電力を供給できなかった。納屋の屋根に降った雨水は、集水後にろ過し、蓄えてあらゆる生活用水（信じられない

ほどおいしい）に利用している。節水のためにバイオトイレも設置したが、期待したほどの効果はないので、今後は使わないだろう。裏庭で一生分の木材が直接手に入るとあって、家はもっぱら薪で暖めている。

庭は少しずつ成長を遂げた。硬い岩盤上にある表土はとても薄いため、露出した岩盤の上に木枠で苗床を作り、その後、温室を追加した。土壌は馬糞堆肥でできている。苗床と温室は、地元で製材されたモミの木で枠を組んでいるが、このモミは防腐処理済みの木材と少なくとも同じくらい長持ちすることがわかっている。

来客用には96平方フィート（約8.9㎡）のスリーピング・キャビンを建てた。このキャビンは、自分たちで伐採・切削した木材、リサイクルの窓やドア、シダーの割り板、手作りの収納スペースや家具で構成されている。

床面積：946平方フィート（88㎡）

スタートは
ゆるやかだった。
1年目に手作業で
小道を切り開き、
2年目にテント付き
プラットフォーム、
屋外トイレ、私道を設け、
3年目に電力を導入した。

庭は少しずつ成長を遂げた。
硬い岩盤上にある表土はとても薄いため、
露出した岩盤の上に木枠で苗床を作り、その後、温室を追加した。

森に建つサンレイ・ケリーの2階建てツリーハウス

アンクル・マッド
（クリス・マクレラン）

節くれ立ったモミの老齢樹のなかに、
正真正銘のツリーハウスがあるのだ。
ツリーハウスというよりは、木のなかの家と言ったほうがいい。

私は、親友のサンレイ・ケリー（『Builders of the Pacific Coast』、『Tiny Homes』、『Tiny Homes on the Move』を参照）のところに立ち寄るのが好きだ。というのも、彼は常に何かを作っているからである。それが装飾を施された電動ジプシーワゴンであれ、温泉地の教会のために建てられたヒマラヤスギと粘土の礼拝所であれ、ものづくりの現場でケリーを見つけ出すのはいつだって価値あることだ。

シアトル北部にあるケリーの魔法の森までたどり着ける人は、二番生えのヒマラヤスギの合間に現れるワイルドなツリーハウスのいずれかを予約し、そこに宿泊できる。この森には屋外キッチンのパビリオン、ヒマラヤスギのサウナ、飛び込むことのできるマス池もある。私のお気に入りの宿泊先は「スタンプ・ハウス（the Stump House）」。100年前に伐採された巨大なシダーの切り株の上に建てられたツリーハウスだった。だが、最近のツリーハウスもなかなか見事である。

新たに加わったツリーハウスの代表は、ボブのスタンプ・ハウス（Bob's stump house）だ。ここは手切りのシダー材で作られた独身男の家で、屋根の上には——この家で日当たりが期待できる唯一の場所だ——家庭菜園が広がっている。私が見学に行ったとき、ボブは屋上で野菜に水やりをしていた。

ボブの家から道を進むと、峡谷に渡されたロープ橋があり、その先に2階建てのツリーハウスがある。このツリーハウスは仏塔のような形をしていて、寝床になるハンモックを備えている。ボブの敷地の反対側、節くれ立ったモミの老齢樹のなかに、正真正銘のツリーハウスがあるのだ。ツリーハウスというよりは、木のなかの家と言ったほうがいい。完全密閉・断熱構造の2階建てで、キッチン、浴室、薪ストーブを備えている。地上から室内には、螺旋階段が伸びている。

もう1本の螺旋階段は、渓谷を見渡せるロフトと、すばらしく明るいキューポラ（半球形の屋根）へ続いている。

私たちが現地に到着したとき、ケリーは自作のブーム式高所作業車を使い、2階バルコニーのドアから通した乾式壁とアスペンの柱を内部で持ち上げているところだった。友人たちの協力を得て乾式壁を取り付けると、シャワー室用に丸太で円形の型枠を建てた。

ケリーのすることはほとんどそうであるように、彼の建築方法は、いかなる機械的・技術的アプローチとも逆行している。ケリーが好むのは、まるでそこで育ったかのような建物を建てることなのだ。

このツリーハウスの構造は、2階建ての木造ユルト（遊牧民が用いるテント式住居）で、屋根は網目状に張り巡らされた細枝と、螺旋状に並べられたシダー板によって支えられている。壁材はシダーで、漆喰を塗って着色した石膏ボードを乾式壁に貼り付けてある。

シャワー室は、地元産の砂質粘土と藁をトラクターに装着した耕作用具で混ぜ合わせ、パテ状にしたもの「トラクターコブ」から作られた。壁に埋め込まれたカラーボトルは、洞窟のような室内に光を取り込んでいる。床とカウタートップは、地元産の石材で覆われている。

ケリーはよく働き、よく遊ぶ。彼が「オン」のときには、私たちのような経験豊富なビルダーでもついていくのに苦労するが、彼が「オフ」のときには、一緒に食事を楽しんだり、サウナで過ごしたり、池に浸かったりしたものだ。私たちは毎晩交代で、さまざまなジプシーワゴンやツリーハウスに滞在した。

床面積：600平方フィート（56㎡）

 ケリーのインスタグラム：
instagram.com/sunraykelley/
アンクル・マッドのウェブサイト：
www.unclemud.com

このツリーハウスの構造は、2階建ての木造ユルトで、
屋根は網目状に張り巡らされた細枝と、
螺旋状に並べられたシダー板によって支えられている。

彼の建築方法は、いかなる機械的・技術的アプローチとも逆行している。

サリーのビーチ・キャビン

マイケル・マクナマラ

あれは冬のことだった。サリーと私は、それまで1年あまり交際を続けていた。隣り合う島で何年も暮らした後、私たちはお互いに惹かれ合い、1つの島で一緒に暮らそうと決めた。

同じ頃、サリーは土地共有者との悪化していた関係を修復しようと、この共有者と住宅を交換していた。母家を手放し、400平方フィート（約37㎡）のゲスト・キャビンの所有権を得たのだ。

最初にそこを訪れたのは1月だった。地面には湿った雪が数インチ積もり、軒先からは雨が滴り落ちてきて、気が滅入った。自分はいったい何を引き受けてしまったんだろう、とサリーは思った。

キャビンには配管がほとんどなく、汚水処理システムもなかった。シャワーは屋外で、屋外トイレからは男性用便器が丸見えだった。デッキは腐りかけ、庭は荒れ放題で、二次林が生い茂っていた。

私はデザイナー兼ビルダーとして長年働いていたので、悪い状況には慣れっこだった。人間が介入すべきでない原始的で自然な環境よりも、困難ながら可能性を秘めている場所のほうが、いろいろな意味で対処はしやすい。

それに、良いこともあった。このキャビンは骨組みがしっかりしていたし、なにより立地に恵まれていた。小さな2つの湾を隔てる小さな岬にうやうやしく向かい合い、ベインズ・サウンドやバンクーバー島の山々を南西に見渡すように建っていたのだ。キャビンから40フィート（約12ｍ）ほど後方にある森のなかには、頑丈な2階建ての工房が置かれていた。

私たちはまず、腐りかけたデッキや大量のがらくたを取り除き、通気性が良くなるように森を刈り込んだ。きちんとした基礎を設置し、電気の引き込み線を整理して、廃水処理システムを探し回った。キャビンと工房を解体し、間柱（まばしら）だけの状態にした。

さまざまな要素を結びつけて自分たちのニーズにもっと合う形にしようと、キャビンと工房の間には小さな物置小屋を置き、建物同士を渡り廊下でつないだ。

小さな家では、空間を連携させて可能なかぎり二役をこなすことが必要になる。メイン要素をコーナーに配置し、斜めの視線によって空間に広がりを感じさせるというアイデアも役立つことが多い。

常識破りの行為ではあるが、私たちは隔壁を建て、一端に化粧室を備えた玄関とそれに隣接する廊下を設けることで、キャビンの空間を広く見せることに成功した。この玄関兼廊下はギャラリーであり、靴を脱いだり、服を掛けたり、音響システムを調節したりするための場所でもある。オープンシェルフや薪用のパススルー（薪を保管するための開口部）は、流れるような感覚を生み出している。

作り付けのベッドがあるヨーロッパ風ヌックは、隔壁の後ろに隠され、この壁には淡い光が灯されたニッチが設けられている。ベッドの頭側の広い出窓は、海風を取り込みつつ、思い出の品や本、朝のコーヒーなどを置けるスペースになっている。ベッドの足元の壁は、薪ストーブ用のコーナーを構成している。

床面積を増やすことなくスペースだけを追加できるように、ウエストの高さで壁を取り払った場所もある。

> このキャビンは
> 骨組みが
> しっかりしていたし、
> なにより
> 立地に恵まれていた。

Photos by Michael McNamara

小さな家では、空間を連携させて可能なかぎり二役をこなすことが必要になる。

頑丈なコンクリート製のプランターはデッキの一端を支え、夏にはブドウの葉によって日陰になるこの場所に、アウトドアリビングを構築している。このプランターは、冬の高潮から家を守る緩衝材でもある。

改造され、キャビンと渡り廊下で連結された工房は、多目的に利用される。普段はスタジオとして使われるため、バスタブとシャワー付きの浴室、クローゼット、洗濯室、オープンスペースを設けてある。外階段からアクセスできる上階は、さらに広いスタジオスペースと収納になっている。

15年経ったいまでも、この小さな場所は相変わらず魅力的で、愛すべき隠れ家として役立っている。

床面積：400平方フィート（37㎡）

フランスの
ティーンエイジャーが森に建てた家

マント

そして20歳のとき、私はついに自分の家を完成させた。

　私は、フランス南西部にあるコレーズの森で育った。まったく自然のままの、緑あふれる森だ。この森で遊びながら、3歳のときにキャビンを建て始めた。写真の小さなキャビンの建設に取りかかったのは2000年、独り立ちを望んでいた17歳のときだ。建設には3年を要し、私は2年間ここで暮らした。

　骨組みは、コレーズの森から切り出したチェスナットでできている。窓はどれも工業用に出回っている二級品だ。屋根は石灰と木くずで断熱されている。石灰と木くずの混合物はとても丈夫で、いったん乾くと、虫も侵入できない。

　内壁は、藁と石灰という安価な―若くて金欠のときには貴重な―材料で作り、自然な色の粘土で仕上げてある。玄関ドアはチェスナット材とウォルナット材で建てた。建具の作業をしたのはこのときが初めてだったが、いまでも得意だ。

　私は建築家のフィリベール・ド・ロルム（1514～1570年）に影響を受けた。私から見てロルムは革命的な男で、実際に、セルフビルドに関する本を執筆した初めての人間である。ロルムは、小さな寸法の木材を部分的に使いながら、少ない材料で大きなスペースを確保する方法を考案した。そうした研究の一部は貧しい農民向けに開発されたもので、ロゼール県には彼の独創的な納屋がいくつか残っている。

　私はまた、アート・ボーリッケとバリー・シャピロによる著書『Handmade Houses ― A Guide to the Woodbutcher's Art』（1973年）にも刺激を受けた。両親がこの本を持っており、私もそれを読んで育ったのだ。写真の家を建てるとき、私は初めてエピュレ（施工図）を描いた。

　そして20歳のとき、私はついに自分の家を完成させた。自給自足で家づくりができるのだとわかったことは、まさに天からの恵みだった。

注記：大工の仕事をしている人に関心を持ってもらえそうなのは、フィリベール・ド・ロルムの著書『Nouvelles inventions pour bien bastir et a petits frais』だ。この本は木造建築のアーチやドームの優雅な図面を収録したもので、オンラインで閲覧できる

 www.shltr.net/de-lorme　　床面積：332平方フィート（30㎡）

写真の小さなキャビンの建設に
取りかかったのは17歳のときだ。

マントの
オリジナルの図面

マント（右）と、友人でフランス人大工のヨーガン。2015年、カリフォルニアにあるShelter社のスタジオにて

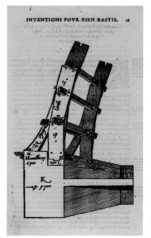

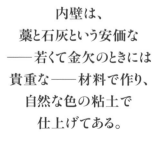

内壁は、
藁と石灰という安価な
──若くて金欠のときには
貴重な──材料で作り、
自然な色の粘土で
仕上げてある。

マントは、455年前に描かれた左の
図面を骨組みに利用した。出典は
フィリベール・ド・ロルムの著書
『Nouvelles inventions pour bien
bastir et a petits frais』

イギリスの森に建つ
木造ユルト

ジーザス・シエラ

　この家は、私が全工程を1人で建てた最初の家だ。顧客の男性と出会ったのは、私がコミュニティガーデンでボランティアをしていたときのこと。初めは木造建築について雑談していたが、やがて『Shelter』や『Home Work』といった本の話題に行き着いた。お互いに、ほぼそっくりな本のコレクションを所有しているとわかったからだ。

　そして気がつくと、私はこの男性に雇われ、彼の木造住宅を一緒に建てることになっていた。

　家の設計は共同で行った。といっても、図面はなく、封筒の裏に適当なスケッチをしただけだった。私たちはどちらもユルトや木造のキャビンに魅了されていたので、木造のユルトを選んだのは当然の流れだった。

　建設期間は1年半で、2011年から2013年までかかった。もっと早く進めることもできたかもしれないが、私は当時、ほかにもいくつかのプロジェクトに取り組んでいた。

　このユルトは直径7mで、2m×2mのポーチと、小さいながら豪華なバイオトイレを家のすぐ外に備えている。

　骨組みには、ほんの50m先の土地で伐採・削皮したカラマツを使っている。このカラマツは、土地の所有者とその父親と祖父によって、25年前に植えられたものだった。

　外装材はコーンウォール産のウエスタンレッドシダー、内装材はスプルースとウエスタンレッドシダーである。断熱材には100%の羊毛を使用した。

　屋根板材も同じくウエスタンレッドシダーである。クラウン（屋根柱を取り付ける輪状の構造物）は足場板の再生材でできていて、45枚をつなぎ合わせ、手作業で仕上げを施した。ドアと窓の材料はオークの無垢材だ。私は工房を所有していないので、あらゆるものをその場で、工具を握って作った。

　家具やキッチンユニットはすべて自作し、配管工事（私も顧客も配管は大嫌いだ！）、タイル貼り、ガラスの取り付け、さらには12ボルトの電気系統工事も自分たちで行った。

　カーテンレール、ドアや戸棚の取っ手、小柱、階段の手すり、壁のフックは、建物のすぐ外に生えているメープル、ヘーゼル、バーチの枝を使い、その場で一つひとつ手削りして作った。調理台と手彫りの水切り板は、厚さ6cmのフレンチエルムの無垢材である。

　それは信じられない体験だった。私と顧客は多くを学びながら仕事を進め、その過程ですばらしい友人になった。

床面積：345平方フィート（32㎡）

**家の設計は共同で行った。
といっても、図面はなく、
封筒の裏に適当な
スケッチをしただけだった。**

**あらゆるものを
その場で、
工具を握って
作った。**

私と顧客は多くを学びながら仕事を進め、
その過程ですばらしい友人になった。

イギリス南西部の小さな森林地帯の家

ジーザス・シェラ

親愛なるロイドへ

　私が大工になり、エコビルダーになったのは、あなたの本があったからだ。『Shelter』と『Home Work』は私を虜にした。『Builders of the Pacific Coast』は私がスタートを切るきっかけをくれた。それまで私は会社で働いていたが、いまでは、「何か変わったものが欲しいけれど、『大物』を雇う余裕はない」という顧客のために、家（ナロウボート、バン、トレーラーハウス、ユルト、キャビン）を建てている。たとえ裕福でなくても、人にはいい家に住む権利があるのだ！

　私は数年前、この直径6.5 mで七角形、テーパーウォール（幅が先細りになっている壁）とレシプロカル構造（部材が互いを支え合うことで釣り合いを保つ構造）のグリーンルーフを備えたユルト、通称「レシプロユルト」を建てた。建設には70人以上のボランティアに参加してもらった。

　私は未経験の人々と働くのが好きだ。彼らは、専門家と働くだけでは決して得られない新鮮さを、あらゆるプロジェクトにもたらしてくれる。先入観がなく、実に広い心を持っている。学ぶことに意欲的な一方で、多くのことを教えてくれる。ボランティアの人々には、骨組みを建てたり、屋根を板張りにしたり、土を屋根に運んだり……といった大仕事を中心に手伝ってもらった。

　骨組みに使用したカラマツは、50 m離れた場所で切り倒し、肩に担いで運んできた。垂木を敷桁に固定する際は、垂木、敷桁、柱に穴を開け、長さ60cm、厚さ10mmの鋼棒をその穴に打ち込んで、端を曲げ、ホチキスで留めた。内装材と外装材はコーンウォール産のウエスタンレッドシダー、屋根板材はハンプシャー産のスプルースである。すべてがかなりローカルな材料だ。床は足場板でできている。

　クラウンや垂木はそれらしく組むつもりだった。だが、いざその段になると、現場では12人のボランティアが時間を持て余していた。そこで、レシプロカル構造の屋根に挑戦することにした。テーパーウォールのコパースウェイト式ユルトにレシプロカル構造の屋根が載っている家など見たことはなかったが、きっとうまくいくとわかっていたし、実際にうまくいった（コパースウェイトとは、木造ユルト建築の第一人者であるウィリアム・コパースウェイトのこと）。

　柱の最上部には、耐荷重8トンのラチェット式ストラップを圧縮リングとして巻きつけ、すべてをまとめている。

　断熱材には羊毛を使用した。このユルトは完全にオフグリッドで、100 Wのソーラーパネル4枚と、675アンペア時のバッテリーバンクを備えている。暖房、調理、給湯を可能にしているのは、デボン州にあるParp Industrie社製の美しいオーブン付き薪ストーブだ。また、夏用のプロパンガス調理器もある。

　敷地にはバイオトイレがあり、水は穴を堀削してできた1000ℓの貯水タンクから供給される。冷蔵庫は、陶器の植木鉢を2つ重ね、鉢の間に湿った砂を入れたもので代用している。照明はSMDのウォームホワイト。実に経済的な家だ。

　デザインはコパースウェイトのユルトと、ニューヨークにあるファレル家のユルトを参考にした。家の主要部は七角形だが、独立した寝室、浴室兼トイレ、囲まれたポーチもある。全表面積は48㎡だ。

　材料費の総額（ソーラーパネル、バッテリー、薪ストーブなどすべて含めて）は約1万ポンドで、そこに私の人件費が上乗せされた。ちなみに、配管工事や12ボルトの配線工事を担当したのも私である。そうして、2万ポンドかからず家は完成した。請負業者が建てた、手頃な価格の家だ。

　これは本当に楽しいプロジェクトだった。私自身、過去に成し遂げたことのない、多くの新しいことに挑戦できた。ユルトの住人はこの家への愛着を日ごとに深めているという。私が自分の仕事を大いに愛しているのは、そういうところだ。

　大工は人を幸せにする。人に家を提供する。それを生業にできるとは、なんと光栄なことだろう！

床面積：515平方フィート（48㎡）

そうして、2万ポンドかからず 家は完成した。

ユルトの住人は この家への愛着を 日ごとに深めているという。

柱の最上部には、耐荷重8トンの
ラチェット式ストラップを
圧縮リングとして巻きつけ、
すべてをまとめている。

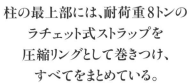

私が自分の仕事を大いに愛して
いるのは、そういうところだ。

南スペインの石造りの家

フィル・ルクスビー

Drawings by Maureen Rooksby

エル・ポシートは、スペイン南部アンダルシア州シエラ・デ・アラセナにある2.5haの敷地だ。ここではもっぱら、よりシンプルで持続可能性が高く、より健康的で創造的な生活を営むための現実的な実験が行われている。

この敷地は南向きで、標高600mに位置し、周囲60mにわたってパノラマビューが広がる。

住宅は、現場で見つけた石材、近隣で解体された築200年の旧家屋から回収されたクリの屋根材、地元で入手した窓、床タイル、モルタルを使って建てられた。

電力源は中古のソーラーパネル2枚（計100W）。1日中太陽を追いかけて回転できるポールにこのパネルを取り付けたことで、年間を通して1日あたり800W相当の電力が供給される。蓄電容量は250Ah（アンペアパワー）のカーバッテリー1つ分だ。

水は、深さ60mの井戸から太陽発電ポンプで汲み上げられ、最大容量5000ℓのタンクに蓄えられる。作動圧力を生み出すため、このタンクは山腹の高いところに設置してある。

この家は1部屋のみで構成されており、間仕切りはない。

浴室はなく、温水も出ない。洗濯はボウルでするか、2つあるシンク（屋内と屋外）でするかのどちらかだ。トイレは屋外のボウルを使い、用を足した後の中身は堆肥の山に加える。

暖房は薪ストーブで、敷地に生えたオークの木やオリーブの木を薪にして使う。ストーブ上面にはダクトレス熱交換換気システムを設置し、暖房効率を高めている。

私たちモーリーン・ルクスビーとフィル・ルクスビーは、2009年にここへ移住した。以来、この地をフォレストガーデンに変えるべく活動を続け、食料と医療の自給自足を目指している。詳しい情報は私たちのウェブサイトまで。

床面積：450平方フィート（42㎡）

 elpocito.wordpress.com

住宅は、現場で見つけた石材、近隣で解体されていた築200年の旧家屋から回収されたクリの屋根材、地元で入手した窓、床タイル、モルタルを使って建てられた。

More...

この家は1部屋のみで構成されており、間仕切りはない。

暖房は薪ストーブで……

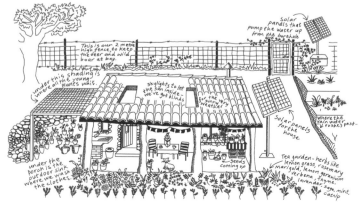

敷地に生えたオークの木や
オリーブの木を薪にして使う。

アリゾナの小さなストローベイル・ホーム

ビル＆アテナ・スティーン

ビルとアテナのスティーン夫妻は、アメリカ国内だけでなく世界中で、ストローベイル建築（藁を圧縮して作ったブロックを積み上げ、漆喰を塗って建物にする）の第一人者として知られている。1994年に出版された夫妻の著書『The Strawbale House』はベストセラーとなり、多くの人々をストローベイル建築の技術へ導いた。

夫妻の作品は、『Home Work』や『Tiny Homes』でも取り上げた。いずれもすばらしいものばかりである。構造だけでなく、色彩、質感、そして天然材料を使用するというこだわりが見事なのだ。夫妻（とその息子たち）が建てるものすべてには、しっくりくる、という感覚がある。

——ロイド・カーン

私たち一家は、粘土を漆喰にしたストローベイルの壁で建物を建てることに情熱を注いできた。

夫婦でメキシコやアメリカでの建築プロジェクトに携わっているときも、ワークショップを開いているときも、息子たちは必ず何らかの形でその場に参加していた。幼い頃には、小さな赤いワゴンにビールやアリゾナアイスティーを乗せ、ワークショップの参加者たちに運ぶのに大忙しだった。

年を重ねるにつれ、息子たちは建築活動に少しずつ積極的に関わりだした。昔はビールを売っていたのが、いつしか工具を作って参加者に販売するようになった。

2015年、私たちは800平方フィート（約74㎡）のストローベイル・ハウスを家族で建てた。だがこのときには、息子のベニートとアルジュナ（通称オソ）が責任者を務めた。これは彼らのプロジェクトだったのだ。妻は設計のプロセスを監督した。私は妻と一緒にサポート役をこなし、ストローベイルの壁建てや漆喰塗りを見守った。

息子たちは手始めに、どちらかといえばクラシックな骨組みの木工所を建てた。内装には土漆喰

を、外装には石灰を塗って魅力的に仕上げた。

ベニートはストローベイル・ハウスの建築に取りかかったが、その途中、メキシコから中米アメリカ一帯を旅する機会があり、当然飛びついた。そ

のため、ベニートの不在中はオソが残りの段階を引き受け、建物を完成させた。

これは私たちが家族として行った最初のプロジェクトだった。それゆえに、手の込んだ芸術作品になることは初めから決まっていた。クライアントのチップ・フィアーズはこの上なくすばらしい人物であり、彼は当時、ニューヨークからアリゾナ州南東部に移住してきたばかりだった。

交流の下地が敷かれたのは、その何年か前、私たちが主催するCanelo Projectのストローベイル・ワークショップにフィアーズが参加してくれたときだった。それ以来、計画は数年にわたって発展し、プロジェクトの最後の最後まで変化を続けた。

この家の建築には、私たちが長年かけて考案した壁のシステムが採用された。それは、いわゆる耐力壁でもインフィル壁でもなく、独自のハイブリッドシステムだった。ストローベイル、漆喰、窓やドアの開口部、直径1inch（約2.5cm）の竹材など、あらゆる部材が荷重を受け止める役割を果たすというものだ。だが、ここで詳しく説明するのはやめておこう。私たちが現在使用している基本的なシステムについては、Shelter Publicationsの『Tiny Homes』に「Straw Bale Basics」というタイトルでまとめられている。

外装と内装の両方に使用した土漆喰は、手で混ぜ合わせた。

これは私たちが家族として行った
最初のプロジェクトだった。
それゆえに、
手の込んだ芸術作品になることは
初めから決まっていた。

オソは優れた木工職人だ。キッチンキャビネット、木製の天井、ロフトのガードレール、クローゼットの大きな開き戸、ポーチの柱のコーベルなど、この家に使用されたあらゆる木材には彼らしさが表れている。

ベニートは金物類のほか、金属と木材でドアも製作した。息子たちは数人の友人と一緒に、敷地のいたるところにあるアドベ（粘土や水、そのほかの有機材料でレンガ状に固めた資材）を作り上げ、その一部を使ってリビングと寝室を隔てる曲線の壁を建てた。息子たちが主に協力を仰いでいた1人は、トゥーソン出身のグル・ダス・ボックという青年だった。

この家の建築には、
私たちが長年かけて考案した
壁のシステムが採用された。

外装と内装の両方に使用した土漆喰は、手で混ぜ合わせた。土漆喰が最も素朴な形で表現されるのは、それが下塗りに使われるときであり、私たちはストローベイル建築を始めて以来、この下塗りを自分たちの特徴のひとつとしてきた。

私たちの下塗りは、大量の刻んだ藁を原料とし、砂はほぼまったく含まない。ちょっとした指導を受ければ、未経験の人でも塗ることができる。初心者向けの入門編として優れているし、しかも楽しい作業だ。土漆喰と土間の仕上げは、私たち夫婦と、ドイツ出身の友人マルギット・バイルハックが一緒に担当した。

床面積：864平方フィート（80㎡）

 www.caneloproject.com

④

⑤

⑥

ロベリア：ミズーリに建つ 3万5000ドルのストローベイル・ホーム

アリッサ・マーティン＆
トニー（通称パパ・ベアー）・バレット

「ロベリア」とは、
広さ864平方フィート（約80㎡）、
寝室2部屋の、私たちの
ストローベイル・ホームのことだ。

2006年の春、私たちはミズーリ州北東部の片田舎にあるダンシング・ラビット・エコビレッジで出会った。冬の風が吹く頃、初めて自ら設計して建てた、小さなキャビンに引っ越した。

それから1年も経たないうちに、息子のゼインを授かった。すぐに一生暮らせる家の建築に取りかかった。

「ロベリア」とは、広さ864平方フィート（約80㎡）、寝室2部屋の、私たちのストローベイル・ホームのことだ。土着の野草にちなんで名付けられたこの家は、骨組み材全体、ドアや窓の大半、さらにはキッチンキャビネットに至るまで、多くの部分に再生材を利用して建てられた。

ストローベイルの外壁は、内側も外側も土漆喰で保護されている。外側の漆喰は、寄棟屋根と基部の木製シングル材（パレットの廃材から作られ、未精製の亜麻仁油を1、2回塗ったもの）によって風雨から守られている。

土間には放熱チューブが埋め込まれている。だが、パッシブソーラーデザイン、高レベルの断熱材、熱質量、MBS製の調理機能付き薪ストーブを備えているおかげで、このチューブの出番はまだない。1年分の調理や暖房に必要な量として、私たちがコンストタントに使用しているのは、プロパンガス200ポンド（約90kg）以下と、薪1.5コ

ードだ（コードとは、米国・カナダにおける薪の計量単位）。

ロベリアの工事は約18カ月続き、とにかくたくさんの友人から協力を得た。私たちはこの建設に3万5000ドルあまりの材料費と、4000時間分の労働力を投じたと概算している。いまやロベリアは（ほぼ）完成したので、私たちはそれ以外の目標に打ち込めるようになった。実現したいのは、ガーデニング、果樹栽培、ホームスクール、そして仲間のために行う建築プロジェクトだ。

床面積：864平方フィート（80㎡）

ストローベイルの外壁は、
内側からも外側からも
土漆喰で保護されている。

1年分の調理や暖房に
必要な量として、
私たちがコンストタントに
使用しているのは、
プロパンガス
200ポンド（約90kg）以下と、
薪1.5コードだ。

私たちはこの建設に3万5000ドルあまりの材料費と、4000時間分の労働力を投じたと概算している。

……パッシブソーラーデザイン、高レベルの断熱材、熱質量、MBS製の調理機能付き薪ストーブ……

ランダー夫妻（トム＆サトミ）が建てた
ナチュラル・ホーム

2012年7月、私たちは、粘土と石灰を漆喰にしたティンバーフレームとストローベイルの家に入居した。ところが、2013年6月に山火事が町を襲い、一時避難を余儀なくされた。10年以上かけて建てたマイホームに1年しか住むことができなかったなんて、こんなに悲しいことはないとサトミは言っていた。

近隣のコミュニティは生き残った。これは私たちにとって初めての火事ではなかった。以前には物置が全焼し、木材をほとんど失ったこともある。2万ドル以上の値打ちがある私のフリスビー・コレクションと一緒に、ストローベイルも、廃材でできたドアや窓も焼け落ちてしまった。

それでも、くじけることなく、1999年3月1日に新居の建設に着工した。進捗のスピードはゆっくりだった。建設中には住宅ローンを組まず、現金払いで進めた。何度か人の手も借りたが、私たちはこの家の大部分を自分たちで建てた。真のオーナー・ビルダーとして。

CAD図面はたくさん用意した。だが、建築が進むなかでデザインは絶えず変更され、モーフィングされた。途中での計画変更は困難を伴いがちだが、私たちの場合は、そうすることでかえって良い方向に進んだと思う。

よく言うのだが、こういう家の建て方はおすすめしない。平地を選べば、おそらくもっと簡単に建てられるのだろう。けれど、それは私たちの流儀に反する。私たちにとって、家づくりの本質は芸術であり、職人技なのだ。

わが家は本当に小さな450平方フィート（約42㎡）の山小屋だ。しかし、どこを見ても、こだわりを感じてもらえるはずである。サトミが天然の粘土と石灰で塗った漆喰は美しく、あらゆる木工細工を引き立てている。床は土材、竹材、タイルを組み合わせてある。靴では上がらない家なので、日本式の玄関に腰を下ろし、靴を脱ぐことになっている。来客にとっては少々不便だが、文句を言う人はいない。

他人のために家を建てることには、それなりに満足感がある。自分たちの仕事によって誰かの生活が向上している、そう思いたい気持ちもある。だが、この家に関しては、私たちが主役だ。

床面積：450平方フィート（42㎡）

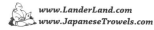

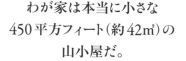

わが家は本当に小さな
450平方フィート（約42㎡）の
山小屋だ。

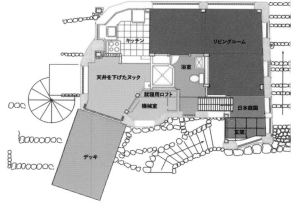

私たちにとって、家づくりの本質は芸術であり、職人技なのだ。

床は土材、竹材、タイルを組み合わせてある。

スコットランドの島に建つ
ティンバーフレームとストローベイルの家

ダミアン・ヘリウェル

追加の保護材として、家の周りにはシダーの板を張った。

2016年の春、私は妻のレスリーと一緒に、スコットランド西海岸沖の小さな島に建つ小屋で1週間を過ごした。それは太陽光発電と太陽熱を利用したコテージで、白い砂浜と青い海が見下ろせた。「町」までは徒歩で3マイル（約4.8km）ほど離れていた。

私は現地で2人のビルダーに出会った。彼らは隣人同士だったが、それぞれまったく異なる家を建てていた（p.126〜127に掲載した、大工のカール・ハーディングによる「ラウンドハウス」も参照）。

——ロイド・カーン

私は友人を通じてストローベイルのコンセプトを知った。そこで多くの本を読み、詳しく調べてみたが、スコットランド西海岸のような厳しい気候下での検証例は、ほとんどなかった。ストローベイルの発想そのものはとても気に入っていたので、実現できそうなアプローチを模索することにした。

建設中にストローが風雨にさらされないようにするため、私が選んだのは、骨組みの組み立てと屋根の取り付けから始められる設計アプロー

チだった。家を外側から厚手のビニールで一時的に包む対応により、私は乾燥した環境で作業し、その後にストローを詰めることができた。

この家は自立式のポスト＆ビーム・フレーム構造で、コンプレスト・ストローウォール構造（耐力壁工法を使用し、圧縮したストローをティンバーフレームに固定する従来の建て方）とは異なる。私は前者を「レトロな耐力壁工法」と呼んでいる。

ここでは雨風がかなり強く、容赦なく吹き付けるので、窓の開口部、壁内の排水管、骨組みと壁の接合部の扱いにはとりわけ注意を払った。追加の保護材として、家の周りにはシダーの板を張った。

家は基礎パッドの上に建てられている。パッドを取り囲む壁は、それだけで荷重を受け止められるように、むき出しの場所をほとんど残して

ダミアンとサディ

いない。このパッドが実際に安全であると確認でき、後で何の心配もなく過ごせることが保証されると、ポスト＆ビーム構造の建物づくりは喜びに変わった。

漆喰塗りのために何度か人の手を借りた以外は、ずっと自分だけで作業し、最初の数年は予定通り順調に進めることもできていた。だが結局、全工程を終えるまでには4年以上がかかった。それは、覚悟をもって戦いを挑む時間であると同時に、すべてを受け入れる瞑想を実践する時間でもあった。自分だけで作業することを私はいつも楽しんできた。この家づくりで最も満足した瞬間は、マイカーと滑車装置だけを使ってラミネート加工された重い棟木を設置したときだと思う。

この家は、スペースの3分の1にレコーディングスタジオを組み込んでいる。

私が目指したのは、音響的にバランスがよくて、創造性が刺激されるような環境だ。リビングは頂上部に向かって開けており、その上には、中二階の寝室がリビングを取り巻くように存在している。むら仕上げにした石灰の漆喰は、均一な音響レスポンスを生み出す。一方で、厚みがあり、二層式で吸音性に優れたコア構造のストローの壁は、部屋と部屋の間で驚くべき防音効果を発揮する。

建築時間のほぼ半分は、私が計画の微調整や修正をあえて柔軟に行っていたせいで生じた時間だと言えよう。だが、このアプローチのおかげで、私は理想の家を手に入れることができた。もちろん、スティックフレームを建てるほうがはるかに簡単で、工期も短くて済んだだろう。だが美しさだけを考えれば、ストローの壁に勝るものはない。

床面積：1,600平方フィート（149㎡）

建設の動画：
youtu.be/_IrZAQbse_w
ダミアンの楽曲：
youtu.be/ICxtSNBTiio

だが結局、全工程を終えるまでには
4年以上がかかった。

左：自家製のロケットストーブがセントラルヒーティングと給湯をまかなう。このストーブは、セラミックファイバーボード、鋼板、銅管で作られている。燃焼と排出を分離することでガスボイラーとして機能。排熱のほぼ総量を回収して燃料を使い切るため、使用燃料量の削減と排気のクリーン化に役立っている

More...

More...

この家は自立式のポスト&ビーム・フレーム構造で、コンプレスト・ストローウォール構造とは異なる。

見開きの写真は、左上以外すべて、螺旋階段（写真右下）を上がった先にある2階部分を撮影したもの

もちろん、スティックフレームを建てるほうがはるかに簡単で、
工期も短くて済んだだろう。だが美しさだけを考えれば、ストローの壁に勝るものはない。

ジギー＆エイプリルが建てた
ティンバーフレームとストローベイルの家

ブライアン・"ジギー"・リロイア＆エイプリル・モラレス

2012年、私はパートナーのエイプリルと一緒に、壮大な旅に出発した。ストローベイルとティンバーフレームの家を建てることにしたのだ。当時、私たちは小さなコブハウス（『Tiny Homes』で取り上げられた「Gobcobatron」）で暮らしていたが、この家がミズーリの寒い冬に適さないことは明らかだった。

ストローベイル・ホームを建てれば、地元の天然材料を使った建物の利点を実証し、新たなスキルを学び、自分の限界を押し上げられるのではないか。そして、もっと地域の気候に合ったデザインを実現できるのではないか。

それに、家づくりには教育的な側面もある。私たちは2回のナチュラルビルディング・ワークショップを開き、天然材料を使った建築方法を教えることにした。こうして振り返ってみると、難しい設計に沿って工事を進め、主催する2回のワークショップを成功させ、比較的短期間に期待以上の家を建てるという目標を達成できたことは、ただ驚きだ。

私たちは2回の
ナチュラルビルディング・
ワークショップを開き、
天然材料を使った建築
方法を教えることにした。

このワークショップでは、私たち以外の人々だけが教えを受けたわけではない。私たち自身も、この野心的な建築プロジェクトの成功に必要なスキルを習得できた。

その年の6月には、2週間にわたるティンバーフレーム・ワークショップを開いた。ゲストで一流ティンバーフレーマーのトム・カンディフは、ほとんどの人が未経験だという学習者のグループに、「指物」というおもしろい技法を——つまり、釘やねじを使わずに木材を接合する方法を——指導してくれた。

私たちは家の骨組みの大部分を、手工具だけを使って完成させた。同時に、2週間続いた記録的な暑さにも耐え抜いた。それは目を見張るような光景だった。誰もが汗だくになりながら、夢中で旧式のボーリングマシンのクランクを回し、ノミや木槌を振るい、プロのような手際で木材を製材していった。

1

2

6

7

9

10

参加者たちはエネルギーに満ちていた。
2週間、彼らの体内をアドレナリンが駆け巡っているかのようだった。

参加者たちはエネルギーに満ちていた。2週間、彼らの体内をアドレナリンが駆け巡っているかのようだった。みな驚くほど仲が良く、目標に対してひたむきだった。

1回目のワークショップが終了し、2回目のストローベイル・ワークショップが始まるまでには1カ月あった。私たちはこの期間に屋根を仕上げ、ストローベイル・ウォールの建築に必要なあらゆるものを準備することになった。

そうしてようやく準備が整った7月、ワークショップの新たな参加者たちが現場に集まりだした（多くの人がやってきたのは、私たちがエチレンプロピレンゴム製のポンドライナーで屋根を覆っているときだった。まさに絶好のタイミングだ！）。

10日間続いたストローベイル・ワークショップ（そして、いっそう厳しくなる暑さ）の後、私たちは新居の壁を建て、すべての窓とドアを設置し、天然粘土と石灰の漆喰で壁の仕上げに取りかかった。

信じられないことに、その年の冬には、私たちはこの家に住めるようになった。もちろん、完成していたわけではなかったが、翌年の作業開始前に一息つけるような、乾燥した暖かい空間が手に入ったのだ。それからおよそ1年後、家は本当に完成した。

ストローベイル・ハウスの建築を通して、私たちは多くの予期せぬチャレンジを経験した。私たちが裸地を選び、その場所をすっかり変えてしまったのと同様に、ストローベイル・ハウス自体も、また、想像を超えた変化を私たちにもたらした。あらゆる意味において、それは真の成長につながる経験だった。多くの人が物事に挑戦することをためらうのは、自分を信じていないからではないだろうか。自分に創造力や問題解決能力が備わっていることを信じられず、その疑いに心を支配されてしまっているのではないだろうか。だが、人は自分のやりたいことに挑戦し、その過程で学んでいくべきである。私はみなさんにそう勧めたい。

床面積：500平方フィート（46㎡）

 www.TheYearOfMud.com

More...

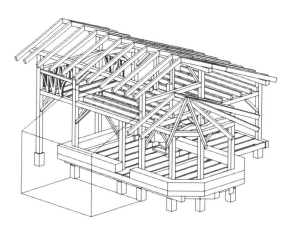

「ストロートロン（Strawtron）・ハウス」の仕様

・約500平方フィート（約46㎡）の室内暖房付き居住空間と、165平方フィート（約15㎡）の囲われたポーチ
・オークの平材、丸太、ブラックローカスト材で建てられた骨組み。木材のほとんどは手工具で切断し、指物の技法で組んだ
・ストローベイルの壁（藁は8マイル〈約13km〉先で入手）。外側は石灰の漆喰で仕上げ、内側には地元産の土漆喰を塗った
・4 inch（約10cm）分の表土を使用したリビング・ルーフ（それはさておき、2階建ての建物では、もう二度と屋根をリビング・ルーフにはするまい）
・セルロース吹付断熱材を備えた、ピア・ビーム構造の基礎
・再生材でできた床
・丸太製の中柱と、ニレの平材製の踏み板をほぞ継ぎにした、カスタムの螺旋階段
・ストローの壁をライトクレイで仕上げたポーチと、耳付きオークの外壁材
・暖房にはMorso製の1410型薪ストーブを使用

信じられないことに、
その年の冬には、私たちはこの家に住めるようになった。

人は自分のやりたいことに挑戦し、その過程で学んでいくべきである。
私はみなさんにそう勧めたい。

ヒッコリー・ハイランズのファームハウス

ジョン・フリーバーグ＆スーザン・ワルシュ

Photos by Werner Elmker

Shelter社のみなさまへ

私たち夫婦は、わが家の設計を始めようとしていた時期に、『Shelter』、『Home Work』、『Builders of the Pacific Coast』を購入し、刺激を受け、多くのアイデアを得ることができました。

貴社の出版活動すべてにお礼を申し上げます。貴社の書籍は、読者が新たな可能性に心を開くきっかけとなる、美しいプレゼンテーションです。
──ジョンとスーザンより

私たちドルイド教徒の心には、古代のビルダーの血が流れている。忍耐や知恵やビジョンをもたらす血、足かせとなる時計やカレンダーからの解放を叶えてきた血である。私たちは建築の錬金術を実践している。石や木や土を、驚きや喜びや美しさに変えている。この家は、自由に流れる空をそこから眺めたり感じたりできるような住まいが欲しいという願いから生まれ、丘の頂上に建てられた。

このファームハウスの「種子」がまかれた肥沃な畑は、イメージ、アイデア、伝統で構成されていた。ノース人、ケルト人、古代プエブロ人、ラージャスターン人、マウンドビルダーズ、それにフランク・ロイド・ライト、ルイス・サリヴァン──あらゆる要素が畑を豊かにしていた。しかし、この家のメインデザイナーは木であり、石であり、感覚に訴えかけてくる粘土質土壌だった。木はこう語りかけてきた。「私は木であり続けたまま、あなたがたの梁になりたい」。岩はこう語りかけてきた。「私をこちら側に向けなさい。そのほうが美しく見える」。粘土質土壌はこう語りかけてきた。「私の穏やかさが壁から広がるように、私を漆喰にしなさい」

アイオワ州南東部のなだらかな丘にある不毛な農地は、果樹園・庭園の建設用地として利用され、住宅用の木材を提供してきた。私たちが選んだのは、あらゆる方向に広がる水平線と、隣接する池と神秘的な森、さらにその向こうにある有機穀物畑と小川の沖積層低地を見渡せる場所だった。

わが家のリビングは、木材を柔らかくカーブさせた筒形ヴォールト天井を備えている。それは、私の内にある静かな場所から浮かんできたイメージだった。この内なるイメージによって、私は雪深い森のなかに引き込まれたのだ。

木工職人をしている友人は、日本で寺院を建てているビルダーの話をよく聞かせてくれる。このビルダーたちは、寺院用の木材を探すために森へ行くわけではない。むしろ、寺院そのものを探すために森へ行くのだそうだ。見つかると、木々の間で儀式が執り行われ、寺院は森から人々の集まる場所へ移される。

私たちは、ヒッコリーの木でできたリビングの骨組みを、近隣の森からわが家へ移動させた。この木を削皮すると、黄褐色に輝く波模様入りの辺材（樹皮に近い部分から取った木材）が現れる。

キッチンキャビネットは、自然のエッジが残されたアメリカサイカチの板でできている。朝食用カウンターはメープル製のスラブで、もともとは友人がスカンク川から拾ってきた流木だった。キッチンとリビングを仕切るのは、炉床の上に鎮座する薪ストーブ。炉床の材料の石は、ウィスコンシン州にある祖父の農場から回収してきた。床には圧縮土と牛糞を使用している。この床材は滑らかで硬く、滋養豊かに足元を支えている。

壁は土漆喰を塗ったストローベイル。土製の屋根には十数種類のセダムを植えてある。池の水は生活用水や灌漑用水として、そして真夏の避暑のために使われる。電気はソーラーパネルで供給される。農場の隅には、4軒の小屋がひっそりと佇んでいる。チェスナット、ヘーゼルナット、果樹などの多年生作物も栽培されている。

ファームハウスで暮らすのが好きな理由のひとつは、屋内と屋外の違いが少ないことだ。西側ポーチの床材である石灰石は、もともとはサンゴとして、この近隣にあった古代の海の底で誕生した。西側ポーチの床は石畳の小道に合流し、この小道は室内に続いている。家の外側に使われた土材と、内側の床に使われたアドベは、同じ粘土でできている。リビングにアーチを描く天井は、空に架かる虹を思わせる。その天井を支える木の骨組み全体は、いまも森の動物たちの住処となっており、気ままな様子が南側にあるアーチ形の窓から確認できる。犬や猫は、屋外と屋内の両方で生活している。コブウシは屋外で暮らしている。ニワトリは基本的には外飼いなのだが、たまに家の中まで入ってくる。

床面積：1,168平方フィート（109㎡）

「アイオワ州南東部のなだらかな丘にある古い農場を購入しました。そのうち気がつくと、自分たちがその農場の世話役になっていたんです」

More...

農場の隅には、
4軒の小屋が
ひっそりと
佇んでいる。

私たちは建築の錬金術を実践している。
石や木や土を、驚きや喜びや美しさに変えている。

朝食用
カウンターは
メープル製の
スラブで、
もともとは
流木だった。

この家は、
自由に流れる空を
そこから眺めたり
感じたりできるような
住まいが欲しいという
願いから生まれ、
丘の頂上に建てられた。

私たちが選んだのは、あらゆる方向に広がる水平線と、
隣接する池と神秘的な森を見渡せる場所だった。

やさしい曲線を描くリビングの天井は、空に架かる虹を思わせる。

コロラドのハイ・デザートに建つ
ナチュラル・ホーム

ブレット・ルコント

コロラドに冬が訪れている間も土壁が守られるように、ポーチはいくつも取り付けた。

　私が2003〜2004年に建てたマイホームは、ハイブリッドなデザインを採用している。北側、東側、西側の壁はストローベイル製、南側の壁はアドベとガラス製だ。

　上階は、2inch（約5cm）×8inch（約20cm）の地元産ポンデロッサパインの粗挽き材で骨組みを組んである。壁は9.5inch（約24cm）程度ふかして（必要なスペースを確保するために壁の厚みを増すこと）、厚みのあるセルロース断熱材を収め、この断熱材を屋根の内部にも詰めている。

　上階が地元産のマツを粗挽きにしたボード＆バテン（狭い幅と広い幅のボードを交互に縦張りする外壁の手法）で覆われているのに対し、階下では、内側にも外側にも土漆喰が使われている。

　上階の乾式壁には仕上げに土漆喰を塗り、2つの階に統一感をもたせた。家を暖めるのは中央に設置された薪ストーブで、これはオフグリッドだ。

　資材のほとんどは、私が暮らすコロラド州南西部の郡で入手するよう心がけた。天井は、6マイル（約9.6km）先の製材所で挽かれたアスペン材をさね継ぎにして組んでいる。骨組みに使用した地元産ポンデロッサパイン材のうち、3分の1は、私の所有地から切り出して加工したものだ。

　浴室とキッチンキャビネットは私が自分で施工した。階下の床は、土間（3分の2）とタイル（3分の1）だ。

　コロラドに冬が訪れている間も土壁が守られるように、ポーチはいくつも取り付けた。

　わが家のユニークな特徴は、アドベ製の内壁に取り付けられた階段を駆け上がる、青く塗られた10inch（約25cm）のトカゲだ。このトカゲの成形を終えたのはある年のクリスマスの午後だったので、私は彼女を「ノエル」と命名した。

　この家には私のほかに、妻のシャイン、子供のロージーとフィールダー、そしてなんと今日で14歳になる犬のエラが暮らしている。

　成人してからのほとんどの時間、私はガイド兼アウトドア・リーダーとして働いてきた。大工の仕事は、冬をやり過ごすための副業でしかなかっ

た。だが、ナチュラルなマイホームを建てるために2年間の学習と労働を重ねた後、私はSwallows Nest Natural Buildingという自分の事業を始めた。何よりも楽しいのは、地域の天然材料でユニークな建物を生み出すことだ。円形建物を得意とする地元在住のビルダーとして、私はニッチな市場を創出しつつあるのかもしれない。

　地下構造の円形ホビットハウス（p.98〜101）に取り組んでいたときは、同時進行で、八角形のストローベイル・ホーガン（丸太と土で作ったナバホ族の伝統的な住居）も建てていた。

　近い将来には、円形の家がいまよりもっと多く登場することになるだろう。私はユルトでしばらく生活していたため、円形の建物にとても居心地のよさを感じるようになった。また、住んでいた場所には古代プエブロ人の遺跡が密集していたので、こうした初期のナチュラルビルダーにインスピレーションを得ていた。

　どんな建物よりも私を魅了してやまないのは、大家族が暮らしていた簡素な岩窟住居だ。そうした住居には、チャコ・キャニオンやメサ・ヴェルデなどの整備された都市も敵わない。結局は、愛らしくてシンプルなものが一番なのだ。

床面積：1,360平方フィート（126㎡）

北側、東側、西側の壁はストローベイル製、南側の壁はアドベとガラス製なのだ。

資材のほとんどは、私が暮らすコロラド州南西部の郡で入手するよう心がけた。

結局は、愛らしくてシンプルなものが一番なのだ。

コロラド渓谷のホビットハウス

ブレット・ルコント

J・R・R・トールキンの『ホビット』に着想を得て……

いまから数年前、ブラッド・ライトと私は、自宅所有者であるマリアンとデビッドのハワース夫妻からある依頼を受けた。それは、コロラド州コルテス西部のマケルモ渓谷に、多目的なクラフトスタジオ兼ゲストハウスを建ててほしいというものだった。

夫妻はJ・R・R・トールキンの『ホビット』に着想を得て、この作品に登場する家と似たようなものを建てられないかと聞いてきた。それから の2年間で私たちが作り上げたのは、いくつもの興味深い特徴を備えた、900平方フィート（約84㎡）の地下構造物だ。

基本設計は、直径24フィート（約7.3ｍ）の円形の建物と、その片側に隣接する直線的な空間で構成されている。壁材は防水コンクリートブロック。屋根材は地元産ポンデロッサパインの丸太と粗挽き板で、それを断熱材と屋根膜で保護し、さらに現地の土で覆った。

円形の天井は、美しく珍しい構造になっている。丸太の垂木をレシプロカルに組み、直径5フィート（約1.5ｍ）の開閉可能な天窓を設置してあるのだ。床には着色コンクリートを、壁には土漆喰を使用している。

床上の円形のペイントは、マリアン・ハワースがデザインし、ブラッド・ライトが描いた。この円から壁に向かって放射状に伸びる接線は、その真上にある屋根の、レシプロカルに組まれた梁のパターンを模している。夏至の正午には、円形の天窓から差し込む光線が、床のペイントとぴったり重なる。

少し前には、両方の部屋にまたがるロケットマスヒーター（薪ストーブ）が完成した。この地下構造には、特製の円形フロントドアからも、通常のバックドアからも入ることができる。

ホビットハウスの外装の主役である円形ドアは、コブと木材でできた2枚の壁に挟まれている。ドアの前には、人工池と養魚池を備えた、美しい石畳の中庭が広がる。

ハワース夫妻のホビットハウスは、コロラド州南西部でも極めて珍しい、創造的な建物だ。私はロイド氏の著書やブログの愛読者なので、この建物のストーリーをぜひ共有させても

らいたい。私自身はストローベイルとアドベの家（p.96〜97）に住んでいるが、最近になってストローベイルのホーガンも完成させた。このホーガンは、全長700フィート（約213ｍ）の渓谷の端に建っている。

床面積：900平方フィート（84㎡）

ブレット・ルコント：
Swallow's Nest Natural Building
（コロラド州ドロレス郡）

ブラッド・ライト：

www.facebook.com/ WrightonStone

円形の天井は、美しく珍しい構造になっている。丸太の垂木をレシプロカルに組んであるのだ。

夜の光景：床上に放射状に伸びる接線は、その真上にある屋根の、レシプロカルに組まれた梁のパターンを模している

Photo by Dan Howarth

More...

夏至の太陽に照らされた床上のペイント

少し前には、両方の部屋にまたがるロケットマスヒーター（薪ストーブ）が完成した。

壁には土漆喰を使用している。

ロブ＆ジャキのコードウッド・ホーム

マッシュウッド・コテージ

ロブ・ロイ

　コードウッド・メイソンリー（薪をモルタルとともに積み上げる工法）は私たちのビジネスに不可欠だ。私たちは1981年以来、ニューヨーク州北部のアースウッド・ビルディング・スクールでこの工法を教え続けている。だからこそ、スクールからほんの26マイル（約42km）先にあるシャトーゲイ湖の夏小屋には、自分たちが得意とする創造的な建築スタイルを取り入れたい——そうジャキも私も思っていた。しかし、この夏小屋が「マッシュウッド」と呼ばれるようになったのはなぜだろうか。

　いまから約30年前、私たちは初めてそれらしい見た目のサマーホームを建てた。木材をシングル葺きにした直径29フィート（約8.8m）のジオデシック・ドーム（三角形の部材を組み合わせたドーム型の構造物）を載せた、直径22フィート（約6.7m）のコードウッド・ラウンドハウスだ。

　20年後、シングル材の交換時期がやってきた。ところが、古いシングル材を取り外してみると、三角形の合板の多くが結露で柔らかくなっていた。そんなことが起きているなんて、内側からはまったくわからなかった。雨漏りは一度もなかったし、内装の仕上げも完璧だった。

　さて、どうしたものか。ドームを建て直す？そうでなければ、家を傘のように覆っていたドームの代わりに、直径22フィート（約6.7m）の2階部分をコードウッドで建てることもできるはずだ。私たちは後者の案を選んだ（このとき、ドームは修理されて結露防止対策を施され、現在は私の息子の住まいとなっている）。

　ドームが載っている状態の家は、マッシュルームのように見えた。そのモチーフを残すため、私たちはさまざまなマッシュルームのデザインをコードウッド・メイソンリーに取り入れた。野生生物の豊富な湖畔に建つ「マッシュウッド」は、私たちのちょっとした楽園となった。

　パイアール2乗の値が変化したために、総面積は約900平方フィート（約84㎡）から600平方フィート（約56㎡）へと減少した。だが興味深いのは、家が暖まりやすくなり、（家族みんなが言っているように）居心地がよくなったことだ。階下には浴室と、小さな寝室が2部屋あり、上階には間仕切りのないリビング兼ダイニング兼キッチンエリアが広がっている。

　コードウッドの壁は厚さ12inch（約30cm）。内側も外側も、モルタル目地の間には、石灰処理したおがくず断熱材を深さ4inch（約10cm）、幅4inch（約10cm）で入れてある。建築にはプランク＆ビーム・システムを採用し、私たちが暮らす雪の多い地域でも、重いリビング・ルーフを支えられるだけの強度を確保した。ただし、屋根板と梁の間には、木材の代わりに平らな飛び石やピンクグラナイトの砕石を入れて仕上げてある。

コードウッド・メイソンリーは私たちのビジネスに不可欠だ。

野生生物の豊富な湖畔に建つ「マッシュウッド」は、
私たちのちょっとした楽園となった。

コードウッドの壁は厚さ12inch（約30cm）。内側も外側も、モルタル目地の間には、石灰処理したおがくず断熱材を深さ4inch（約10cm）、幅4inch（約10cm）で入れてある。

地元のビーバーも、
ヨーロピアンアスペンの木から
幅12inch（約30cm）の
完璧なログエンドを切り出してくれた。

よく質問を受けるのは、コードウッドの壁にできるモルタルのひび割れについてだ。ひび割れの原因となりうるのは、モルタルの収縮（セメント凝結遅延剤を混ぜることで最小限に抑えられる）、荷重や木造床構造からくる応力、木材の膨張である。そこでお勧めしたいのは、収縮率の低い木材、つまり膨張率の低い木材を使うことだ。やるべき仕事をやっておけば、モルタルのひび割れは問題にはならないだろう。

新たな上階のコードウッドの壁に特別なデザインパーツを並べるのは、ジャキにとっても私にとっても大いに楽しい作業だった。この作業には、ボトルエンド、ジオード、クリスタル・スカル、独特なログエンドなどのアイテムを使用した。

マツの大木のログエンド4点は、東西南北の目印になっている。北斗七星の星列は、ポラリス（北極星）を指し示している。青色のボトルが収められたあるパネルには、シャトーゲイ湖の水路を描いた。別のパネルでは、クリスタル・スカルと、それにまつわるベリーズの歴史を紹介している。

オーストラリアのパネルの主役は、現地でコードウッドを教えていた時期に集めて持ち帰ってきた工芸品の数々だ。ガラス製のログエンドに見える1/8inch（約0.3cm）のジオードは、複数のデザインに取り入れられている。

地元のビーバーも、ヨーロピアンアスペンの木から幅12inch（約30cm）の完璧なログエンドを切り出してくれた。この丸太の端には、ビーバー独特の噛み跡が残されている。ちなみに、私たちが使用したログエンドの大半はノーザンホワイトシダーで、この木材は断熱性に優れ、収縮率が2％と非常に低いことが特徴だ。

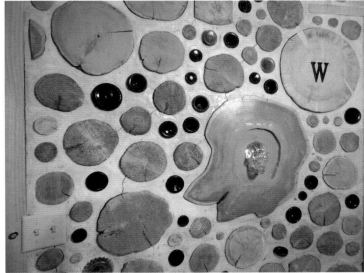

マツの大木のログエンド4点は、東西南北の目印になっている。

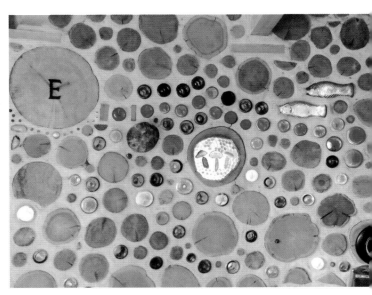

床面積：600平方フィート（56㎡）

More…

私は、住まいを手作りするという
創造的なプロセスに夢中になった。

ハイ・デザートに建つサシャの土のドーム

コブ、アースバッグ、ライトストロークレイ、アドベで建てた家

サシャ・ラビン

Photos: Ryan Spaulding (finished house)
Zeya Schindler (construction)

　私はカリフォルニア州のボリナスで育った。自宅から目と鼻の先にはロイド・カーンの家があり、Shelter Publicationsがあった。『Shelter』のページを埋め尽くしているような、ワイルドで創造的な建物に囲まれて、若き日々を過ごした。

　土造建築を始めたのは、オレゴン州のCob Cottage Companyでインターンシップをしていた2002年のことだ。以来、あらゆる様式の土造建築物を手がけ、その技術をワークショップで伝えてきた。

　住むための家を自分で建てるという創造的なプロセスが好きだった。マイホーム建設に必要な技術を学んだ後、深い洞察とともにワークショップを去っていく参加者たちを見送るのも好きだった。

　写真の建物を着工したとき、私は建築のプロセスを楽しいものにしたいと思った。そこで、5人の友人を招き、1カ月間一緒に働いてもらった。私たちは基礎の骨組みを立ち上げ、実際にとても楽しい時間を過ごした。メインビルダーは私だが（ほかのプロジェクトの合間を縫って作業し、完成にこぎつけた）、同じコミュニティの仲間全員から大いに助けられた。

　南カリフォルニアのハイ・デザートにあるこの美しい渓谷には、私を含めて20人ほどが暮らしている。彼らの支援は本当にありがたかった。土造建築の材料費は比較的少ないとはいえ、この工事には多くの労働力が必要だった。コミュニティのサポートはほぼ不可欠であり、そのことが美しいコミュニティの構築にもつながるのだ。

　私は多くのワークショップ、クラス、スクールグループを主催している。おかげで、ミネソタ州の大学生グループは床張りを、ワシントン州のアウトドアスクールの生徒たちは漆喰塗りを手伝ってくれた。私の父まで訪ねてきて、ドームの頂上にキューポラを設置してくれた。ほかにも挙げればきりがないが、この建築に手を貸してくれた人は100人近くいるのではないだろうか。

床は土製で、亜麻仁油と蜜ろうでシーリングを施してある。

　この建物は、複数の土造建築のテクニックを組み合わせている。それぞれのテクニックには、土地から採取した粘土質土壌や砂、そして藁との配合に違いがある。建築材料は、コブ、アースバッグ（土を詰めた袋）、ライトストロークレイ、アドベだ。床は土製で、亜麻仁油と蜜ろうでシーリングを施してある。家を暖めるのは、やはりコブから作られたロケットストーブだ。屋根はシーリング加工済の石灰でできている。

床面積：500平方フィート（46㎡）

More...

土造建築の材料費は比較的少ないとはいえ、
この工事には多くの労働力が必要だった。

同じコミュニティの仲間全員から大いに助けられた。

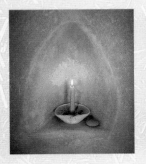

ナチュラル・ビルディングに関する3冊

『The Natural Building Companion』
ジェイコブ・ラクシン、エース・マッカールトン著
優れた技術書

『Built by Hand』
ヨシオ＆エイコ・コマツ、アテナ＆ビル・スティーン著
驚くほど美しいナチュラル・ビルディングを世界中から集めた本

『Using Natural Finishes』
アダム・ワイズマン、ケイティ・プライス著
天然漆喰についての包括的な本

2002年にナチュラル・ビルディングの仕事を始めて以来、サシャ・ラビンは、自身が共同設立した団体——Seven Generations Natural Builders、Vertical Clay——を通じて、またThe Yestermorrow Design Build School、The Canelo Project、The Solar Living Institute、Quail Springs Permacultureとのコラボレーションを通じて、幅広く指導を行っている。ヨルダンとケニアでもナチュラル・ビルディングを指導し、現在は自身のナチュラル・ビルディング団体であるEarthen Shelterを運営。建築活動を楽しんでいるラビンだが、その真の情熱は、ナチュラル・ビルディングを他者に教えることにある。

 www.earthenshelter.com

ニューメキシコに建つ
日当たり良好な
オールド・アドベ・ホーム

ジョエル＆エリン・グランツバーグ

　小さな家での暮らしにおいては、空間と光を感じられるかどうかがすべてだ。空間の感覚と光の感覚は、アドベ製の古い家に欠けがちな要素である。だが、100年前に校舎を改築して建てられたこのアドベ製の家では、高い天井が開放感の演出に役立っている。厚い土壁に設けられた窓やフレンチドアからは、ニューメキシコの太陽光が豊富に降り注ぐ。温室も光を取り込んでくれるし、マイカ（雲母）を混ぜた明るい色の土漆喰にも開放感を演出する効果がある（詳しくは、キャロル・クルーズ著『Clay Culture: Plasters, Paints and Preservation』を読んでもらいたい）。

　ある冬の半ば、家に水を引いていたパイプが何日間も凍結した。これを機に、私たちは家をリフォームすることにした。

　私たちが夏を過ごすのは、屋根付きの玄関やポーチと昔から決まっていた。この場所にパレットと粘土と藁でできた小屋（『Tiny Homes』を参照）を追加すると、そこは、アウトドアキッチンのあるダイニング／作業エリアと呼ぶべき空間になった。

　私たちはイタリアで見かけた庭からインスピレーションを得て、このエリアにレンガを敷いた。O'Keeffe & Merritt社製の古いストーブ、貯水槽、食品加工用のアウトドアシンクを設置し、水が庭に流れるように排水設備も整えた。このエリアは、夏には家の日除けとなり、晴れているが寒い冬の間は、熱と光を取り込むのに役立っている。

　断熱材の入っていない北側のアドベの壁は、冬が来るたびに熱損失の原因になっていた。この壁を断熱するため、そして増え続ける家族に広い収納スペースを提供するため、私たちは奥行2フィート（約0.6 m）の物置を建て、スライド式の大きな開き戸を私道に沿って取り付けた。

　この物置のおかげで、かつて寒々しかった壁には厚さ6inch（約2.5 cm）のフォーム断熱材が固定され、農作業用、クラフトショー用、建築用の道具類や、キャンプ用品やスキー用品なども収納しやすくなった。

　小さな家では、わずかなスペースを追加するだけで、大きな違いを生み出すことができる。薪ストーブ横のソーラー窓に作られたクッションカバー付きのベンチは、くつろげるカウチとしても、ダイニングヌックとしても役立っている。子供部屋のロフト、はしごを上った先の高所にある書庫、浴室の棚、そしてもちろん温室のシャワーも、すべてが機能的だ。無駄なもの、あるいは使われていないものは、室内にも小さな庭にも一切存在しない。

　窓やドア、そして新たな放射床暖房システム用のボイラーに至るまで、材料はどれも中古品か、古い建築物からの回収品である。より抜きの木片や、ほとんどの漆喰材は、探したり掘り出したりして集めた。「夫はこの家にある1枚1枚の板の産地を知っているんです」と、エリンはよく冗談を言う。小さな家なら、細部に気を配るのは難しいことではない。だからこそ、深く愛される住まいになりやすいのだ。

床面積：1,000平方フィート（93㎡）

www.patternmind.org

> ### 小さな家では、
> ## わずかなスペースを追加するだけで、
> ## 大きな違いを生み出すことができる。

小さな家での暮らしにおいては、空間と光を感じられるかどうかがすべてだ。

窓からは、
ニューメキシコの
太陽光が
豊富に降り注ぐ。

More...

私たちはイタリアで見かけた庭からインスピレーションを得た。

「夫はこの家にある1枚1枚の板の産地を
知っているんです」と、エリンはよく冗談を言う。

バーモントに建つ円形の ストロークレイ・ホーム

グレッグ・ライアン

バーモント州中央部にあるこの家は、2つの建物で構成されている。大きい方のメインの住宅は広さ706平方フィート（約65㎡）で、補助的なスリーピングロフトを備えている。小さい方の建物は執筆とヨガのためのスタジオで、201平方フィート（約18㎡）の広さがある。このスタジオは、親友のウォルト・バーカーに助けを借りて建設された。多くのコミュニティメンバーも、各作業班の手伝いに駆けつけてくれた。

これら2つの建物はストロークレイ製で、ユルトに着想を得て設計された。材料はできるだけ近場で（多くは敷地内で）入手したものを使うことにした。

壁は、厚さ12inch（約30cm）のストロークレイでできている。このストロークレイは、地元で育った藁と地元で採取した粘土を混ぜ、型枠に詰めて作った。

スプルース材の垂木（屋根のポール）は自分の土地から切り出し、その場で手作業で削皮した。ロフト用の木材も敷地で伐採し、移動式製材機で梁のサイズに切断した。

基部から18inch（約45cm）の高さがある外壁のステムウォール（コンクリート土台と壁の間にある補助構造）は石製で、この石もやはり敷地で収集された。天井の屋根システムは美しい。スプルース材の垂木は中央のオーク材の天窓に集まり、格別に優雅な幾何学形を描いている。

この家はパッシブソーラーを導入し、太陽の進路を最大限に利用している。パッシブソーラーの可能性を最大限に引き出すにあたっては、窓の配置と大きさが重要だった。

> 壁は、厚さ12inch（約30cm）のストロークレイでできている。
> このストロークレイは、地元で育った藁と
> 地元で採れた粘土を混ぜ、型枠に詰めて作った。

電気はソーラーパネルで供給されている。家を暖めるのは床暖房と放射暖房、そしてソープストーン製の薪ストーブだ。

この家の建設で何よりもすばらしかったのは、そのプロセスだ。私たちが編成した3つから4つの作業班には、20人を超える大人とその子供たちが参加してくれた。そういう光景はめったに見られるものではない。参加者たちはこのプロジェクトのことを知り、州内の全域から手伝いに来てくれたのだ。こんな建築体験は生まれて初めてだった。

バンジョーやギター片手に現れて、何時間も私たちを楽しませてくれる人がいた。食事を運んできてシェアしてくれる人もいた。私たちは大いに楽しい時間を過ごした。

このプロジェクトは最高のコミュニティ活動だった。たまたま耳にしたというカップルは、作業にやってきて、そのまま何週間も滞在してくれた。ガーナ出身の男性は土造建築に詳しかったため、とても貴重な人材になった。この男性もまた、アメリカ人から土造建築を評価されたことに驚き、感動している様子だった。

設計の観点から言えば、私はクリストファー・アレグザンダーの作品に影響を受けてきた。『A Pattern Language』はすばらしい本で、それ以外の彼の著書も見事である。イアント・エヴァンスも、私に大きな影響を与えた1人だ。

床面積：907平方フィート（84㎡）

> この家はパッシブソーラーを導入し、
> 太陽の進路を最大限に利用している。

スプルース材の
垂木（屋根のポール）は
自分の土地から切り出し、
その場で手作業で
削皮した。

バンジョーや
ギター片手に現れて、
何時間も私たちを
楽しませてくれる人がいた。
シェアするための食事を
運んできてくれる人もいた。
私たちは大いに
楽しい時間を過ごした。

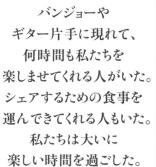

5

6

7

8

ニュージーランドの洞窟住宅

ジェシー&クレイグ・ムーン

16歳で故郷イギリスを離れ、世界中を旅していたグレアム・ハンナは、ニュージーランドの片田舎に定住しようと決心した。勇敢な旅行者だったグレアムは、それまでにアフガニスタン、イラン、イスタンブール、イラクをはじめとする多くの国々を訪れていた。さまざまな現地住民の家に滞在し、砂漠にある丘の中腹に建てられた家にも泊まった。

1972年、グレアムはニュージーランドのワイカト農業地域に15エーカー（約6ha）の美しい家産を購入した。購入後まもなく彼が決めたのは、敷地の下端に静かな小川と池のエリアを設けること、池と田園地帯を見下ろす土手に地下の隠れ家を作ることだった。

グレアムが土手に広さ約120平方フィート（約11㎡）のエリアを掘ると、空に向かって開かれたスペースができた。彼が目指したのは、丈夫で、乾燥していて、土壁から水漏れしない洞窟型の住居を作ること。そして、その過程であらゆる天然素材を利用することだった。

グレアムは、地元ニュージーランド産の木材を巨大な梁として使い、「洞窟」内に骨組みを建てた。何トンもの締固め砂でエリア全体を埋め、柱も梁も覆い尽くすと、近くの渓流で入手した大きな川石を砂の上に敷いた。ここからは洞窟の屋根づくりだ。グレアムはコンクリートを混ぜて砂と川石の上に注ぎ、既存の土手の硬い土壁にコンクリート製の屋根を埋め込んだ。

コンクリートが固まると、砂をかき出した。こうして、柱と梁、そして露出した状態の川石がコンクリート製の屋根に固定された。

居住空間に水分が入らないように、ペリメーター（建

物の外周部分）には排水路が設けられた。土壁は密閉されて漆喰を塗られることで、いかにも洞窟らしい印象が生まれた。

窓やドアは、外の池や田園風景に面している。地元のアーティストが樹齢100年の木材で作ったもので、洞窟の輪郭に沿うように設置されている。

洞窟の内側は、まるで150年前にタイムスリップしたかのような雰囲気だ。調理と給湯は1890年に作り付けられたコールレンジ（石炭で燃やすオーブン）でまかなわれ、温水と冷水は真鍮と銅製のパイプを通して流れてくる。オイルランプとキャンドルは周囲を美しく照らす。羊毛布団とポッサムファーのカバー付きクッションが置かれた豪華なダブルベッドは、洞窟の土手の形に合わせて作られている。

さらに小さな洞窟の中には、バイオトイレと地下のシャワーエリアを備えた浴室がある。屋外には、19世紀前後に鋳鉄で作られたかぎ爪足の浴槽が置かれ、この浴槽から田園風景を見渡せる。

2012年、グレアムの娘ジェシーとその夫クレイグは父親の地所を購入し、このユニークな環境で過ごすひとときをゲストに楽しんでもらうことにした。ここはいまでは「アンダーヒル」の名で呼ばれている。ワイカトの片田舎の奥深くにあるこの秘密の場所には、世界中からゲストが引き寄せられてくる。

> 16歳で故郷イギリスを離れ、世界中を旅していたグレアム・ハンナは、ニュージーランドの片田舎に定住しようと決心した。

洞窟住宅を建てたグレアム・ハンナ。孫娘のバイパー、フランキーと一緒に

床面積：260平方フィート（24㎡）

 www.canopycamping.co.nz/underhill

アンダーヒル・バレーの航空写真　Photo: Colin Ennor and Sergio Lopez

ベッド、手作りのテーブル、木製の梁、天井の石細工に注目

洞窟の内側は、まるで150年前に
タイムスリップしたかのような雰囲気だ。

シャワーからの池の眺め

117

トルコの
アースバッグ・ホーム
退屈な日々から自分を救い出す

アトゥルヤ・K・ビンガム

私はいつでも文章を書いていたかった。だが、多くの作家同様に、私も執筆への情熱を賃金労働の合間に割り込ませなくてはならなかった。

ある日、ついに妥協するのが嫌になったが、幸いなことに、トルコに小さな土地を所有していた。

テント1張りを携えて、ほぼ手ぶらでその土地に移住した。それは冒険の始まりだった。私はこの冒険によってあらゆる先入観を改め、何が自分を本当に幸せにしてくれるのかを考え直すことになった。

アウトドアが大好きなので、永久にテントで暮らせるだろうと思っていたが、その考えは変わった。移住して半年後、私は嵐でテントから引きずり出されそうになったのだ。現地の天候を経験してみると、自分に住まいが必要なことは明らかだった。

当時、私に建築の経験はまったくなかった。残り資金はわずか6000ドル、冬まであと1カ月というときに、私はチームを組み、アースバッグで小さな家を建て始めた。

マイホームを建てるということは、私がこれまでに挑んできたことのなかでも、とりわけ影響力の大きい挑戦だったと思う（自分は冒険に不慣れなわけではない）。

私は資金を使い果たし、間違いをたくさん犯し、批判的な人々にしつこく付きまとわれた。

けれどいまは、この美しい手作りの家のなかに腰を下ろしている。セメントは不使用で、100％太陽光発電だ。

アースバッグで建てたマイホームのおかげで、私は情熱を注ぐことのできない退屈な仕事を捨て、創造と執筆の日々を過ごせるようになった。

三度の地震と大洪水にも耐えたこの家を、私は愛している。

床面積：330平方フィート（31㎡）

アースバッグをめぐる私の冒険についての詳細（書籍）と、
アースバッグ建築に関する無料のPDFはこちらまで：

 www.themudhome.com

ある日、妥協するのがとうとう嫌になった。

幸いなことに、私はトルコに小さな土地を所有していた。

テント1張りを携えて、ほぼ手ぶらでその土地に移住した。

けれどいまは、この美しい手作りの家のなかに腰を下ろしている。

三度の地震と大洪水にも耐えたこの家を、私は愛している。

北カリフォルニアに建つ太陽光発電の
クォンセット・ハットの家

エレイン・ドス

ある日、ヨガ教室の仲間であるエレインが、彼女のクォンセット・ハットについて話を聞かせてくれた。そのハットは、ヴァル・アニョーリの設計によって住宅に改築されたのだという。

アニョーリは『Shelter』に登場する3人のビルダーの1人だ。建築家としての先見の明と、ビルダーとしての腕前を併せ持つ、類まれな人物である。一般の建築家とは違い、アニョーリは自分が設計したものを何でも建てられる（下記は、カリフォルニアの丘の中腹にある彼の作品についての詳細だ）。だからこそ、私は彼がクォンセット・ハットをどう扱ったのかを見てみたくなった。結果的には、「すばらしい」の一言だった。

——ロイド・カーン

この区画の前オーナーだったカトリック団体は、コンクリートミキサーやOnan発電機とともに、解体済のクォンセット・ハットを海軍から無償で譲り受けていた。

カリフォルニア州スティンソンビーチで暮らし、裏庭で2頭の馬を飼っていた1977年、私はもっと広い土地を求めてウエストマリンへ出かけていた。フェンスで囲まれた150エーカー（約60ha）の区画をニカシオに見つけると、そこを購入し、馬を移動させた。世話のためにスティンソンとニカシオを毎日行き来していると、あるとき、建築家のヴァル・アニョーリに出くわした。アニョーリはスティンソンでの私の隣人で、友人だった。

「ここで何をしているんだい？」とアニョーリ。

「小さな区画を買ったところなの」「どこか直してあるの？」「いいえ、ただの古いクォンセット・ハットよ」

「なんだって？　僕はずっとクォンセット・ハットを改築したいと思っていたんだ」

私が37年間暮らしているクォンセット・ハット——もともとは、第二次世界大戦時にアメリカ海軍が建てたものだ——は、こうしてヴァル・アニョーリに改築された。

この区画の前オーナーだったカトリック団体は、コンクリートミキサーやOnan発電機とともに、解体済のクォンセット・ハットを海軍から無償で譲り受けていた。団体関係者はコンクリートスラブを打ち、基礎となる高さ4フィート（約1.2m）のコンクリート壁を建て、その上にクォンセット・ハットを建設した。ハットの裏には小さな陸屋根付きの建物を増築し、その建物内にあるコン

クリートの小部屋にOnan発電機を収めた。

私たちは、この裏側の増築部にある発電機用の小部屋を改造し、現在のマスターバスルーム内のシャワー室に変えた。このバスルームは、ヴィクトリア調のアクリル製スリッパータブ（スリッパのような楕円形の浴槽）、シンク、水洗トイレなどを備えている。ハット正面には奥行8フィート（約2.4m）の増築部と、奥行8フィート（約2.4m）×幅5フィート（約1.5m）の倉庫がある。屋根はどちらも曲面合板製で、心地いい隠れ家のような玄関を演出し、クォンセットのカーブを模倣しながら、建物の美的価値を高めている。

息子たちが幼い頃、それぞれの寝室は現在の「クローゼット2」に設けられていた。その後、各寝室を倉庫に移動させ、表側のバスルーム上にロフトベッドを伸ばすかたちで、そ

こをひとつの寝室に改造した。

私は夫のサンディ・ドスと一緒に、太陽光発電システムと予備のガスジェネレーターを使ってオフグリッド生活を続けている。水はソーラーポンプで井戸から汲み上げられた後、重力で家まで送られてくる。家畜には湧き水を与えている。寝室には薪ストーブを、リビングにはプロパンガス式暖炉を、書斎にはプロパンガス式の壁掛けヒーターを設置してある。テレビとインターネットサービスには衛星を利用している。

優れた職人でキャビネットメーカーだった私の父は、イタリアのトリノにいた祖父のもとで修行を積んだ。父が（ニューヨークにある自宅のために）手彫りで製作したイタリアの田舎風家具は、いまでは私のクォンセット・ホームを美しく飾っている。

床面積：1,200平方フィート（111㎡）

私たちは、太陽光発電システムと
予備のガスジェネレーターを使ってオフグリッド生活を続けている。

「僕はずっとクォンセット・
ハットを改築したいと
思っていたんだ」

テレビとインターネット・
サービスには
衛星を利用している。

水はソーラーポンプで井戸から汲み上げられた後、
重力で家まで送られてくる。

ケベックに建つ
リサイクル材の小屋
ソフィー・ベライル＆マーク・ブーティン

親愛なるロイドへ、
そして小さな家を愛するみなさんへ

　マークと私は2006年に出会った。夫婦となって最初に目指したのは、マイホームを建てることだった。私たちは廃品回収やリサイクルの可能性を信じているので、できるだけ無料の材料で建築しようと決めた。理想の土地探しを開始し、新居の設計図も作り始めた。

　2008年の秋、地元で伐採されたマツの木がたまたま手に入ることになった。そこで私たちは、利用できる木材の量に合わせて計画を変更した。近隣の製材所のオーナーを雇い、要望通りに木を切断してもらった。

　その年の冬には店を借り、9inch（約23cm）×9inch（約23cm）のマツ材からなる24フィート（約7.3m）×30フィート（約9.1m）のティンバーフレームを試作した。木材にはノミと木槌で溝を彫り、ほぞ継ぎで接合した。

　2009年の冬、あるクライアントから、住宅を取り壊して資材を回収してほしいと申し出があった。メルシー・ラ・ヴィ！（人生に感謝！）　土地探しは続いていたが、2009年の春にその努力がようやく報われた。ケベック州ヴァル＝モランにある5.5エーカー（約2.2ha）の場所が手に入ったのだ。

　この家はコンクリートスラブの上に建てられている。家の内外の木材には、防腐剤として大麻油を塗ってある。ほとんどの窓を南向きに配置したので、電光や暖房は最低限でまかなえる。

　広さ1200平方フィート（約111㎡）のこの家は、6人で暮らすにはぴったりだ。建材の75%にはリサイクル材を使用した。

　私たちは浅井戸を利用し、伝統的なシステムで生活排水を処理している。

　敷地内には、滝のように連なる3本の小川、ウッドデッキとティピを備えた1エーカー（約0.4ha）の島、湿地、そして成熟林がある。

　わが家の建築と造園の指針になっているのは、パーマカルチャー（農業を通じて、人と自然が共存するためのデザイン手法）の原則だ。私たちは150本の果樹、ナッツが実る木、つる植物、低木、小さなベリー類からなるエディブルフォレストガーデン（人間の食べ物を与えてくれる森）を育て、家庭菜園も行っている。家族のために食の安全を目指し、近隣の人々にも働きかけて、いずれ公有地に共有の果樹店を作ろうというのが私たちの哲学だ。

　私は出産時のドゥーラ（出産前から産後早期を通して、女性のお産をサポートする専門家）で、終末期のサポーターで、消防士だ。

　マークは造園、ガーデニング、危険な木の伐採、ログフレームやティンバーフレームによる伝統的な建築を仕事にしている。

　私たちは現在、この家で4人の子供と暮らしている。15歳のソナム、7歳のリバー、6歳のディラン、4歳のインディア・ローズ。ペットは猫のブーツと、ハスキー犬のバルトだ。

床面積：1,200平方フィート（111㎡）

 http://lavieenvertdesign.blogspot.com/

木材にはノミと木槌で溝を彫り、ほぞ継ぎで接合した。

仕様

寝室：3部屋　　浴室：1部屋　　基礎：コンクリートスラブ

構造：2inch（約5cm）×6inch（約15cm）の木材をほぞ継ぎにした、間柱と垂木のティンバーフレーム

サイディング：外壁はタマラック材を使ったボード＆バテン、50％はリサイクル材／切妻壁はウエスタンレッドシダーのリサイクル材製／額縁は地元で製材されたブラックチェリーのリサイクル材製

屋根：大聖堂のようなカラー結合材入りの屋根システム。材料は3inch（約7.6cm）×8inch（約20cm）のスプルース材

断熱材：Airmetic SoyaのR30スプレーフォーム断熱材

シージング：内側はV形目地付きのマツ材製、外側は亜鉛メッキのブリキ材製

熱：電気で発生させている。Convectair社製の対流式ヒーターは60％がリサイクル材製。薪ストーブは時間をかけて燃焼し、環境基準に適合している

電気設備：電気パネルはリサイクル品。視覚的な邪魔にならないように、電気とインターネットの配線は埋設してある

窓：60％はリサイクル材製

階段：地元産の木材製

床：マツ、オーク、スプルース、メープル、レッドパインのリサイクル材製

キッチン：リサイクル品のシンク。食器棚には地元で製材されたリサイクル材のマツ、マホガニー製のパレット、タマラック材、地元で製材されたチェリー材を使用

浴室：トイレ、シンク、温水タンク、貯水槽、浴槽、衛生器具はすべてリサイクル品

寝室：ロフトの壁は100％がマツのリサイクル材製

仕上げ：リビングルームはバーン・サイディング／ダイニングルームとキッチンはV形目地付きのマツのリサイクル材／玄関は地元で切り出して製材した14inch（約36cm）のホワイトパイン材製／ロフト内の低い壁はリサイクルされたレッドシダーのシングル材製／モールディングは地元で購入・製材したバターナット材とシダー材製

More...

私たちは、できるだけ無料の材料で建築しようと決めた。

ほとんどの窓は南向きに配置されているので、
電光や暖房は最低限しか必要としない。

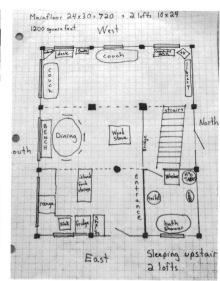

Mainfloor 24x30 = 720 + 2 lofts 10x24
1200 square feet   West

私たちは150本の果樹、ナッツが実る木、
つる植物、低木、小さなベリー類からなる
エディブルフォレストガーデンを育て、
家庭菜園も行っている。

私たちは現在、この家で4人の子供と暮らしている。

スコットランドの島に建つ
カールのラウンドハウス

2003年、街を離れて田舎へ行こうと決め、スコットランドの島へ移住。

カール・ハーディング

断熱材には
羊毛のフリースを使っている。

カールは16歳から24歳まで、イングランドのマンチェスターにある自動車修理工場で溶接工として働いていた。27歳だった2003年、街を離れて田舎へ行こうと決め、スコットランドの島へ移住。ここでビルダーの仕事を始めた。それまで積んできた溶接の経験は、基礎として役立ったとカールは言う。この経験を通して、部材の組み立て方を覚えたのだ、と。

「実践的な方法を学びました」。4軒の住宅を手がけた後、カールはマイホームの建築に取りかかった。円形の家にしようと決めたのは、この小さな島に吹きつける激しい横風に強い構造になるためだ。それに、円形の建築に挑むのも好きだったのだとカールは言う。すべての木材——スプルース材とカラマツ材——は島で伐採され、島のコミュニティ・ショップで製材されたものだ。このショップには、Stihl 066のチェーンソーで切るタイプの、スウェーデンのLogosol社製の製材機が置いてあった。外壁の相じゃくり板はカラマツ材でできている。

窓台や棚は、主柱の切れ端で作られた。床材は、公民館や住宅のリフォームから出た廃材である。キッチンには再生スレートを使用している。断熱材には羊毛のフリースを使っている。

「資金が少なければ、使えるものを調達して使うしかありません」

熱と温水は、自作の煙突を取り付けた、イングランドのGoodwood社製のストーブから供給される。ストーブ台は、石造りの旧家屋から回収してきたものだ。

カールいわく、人は辺鄙なコミュニティで暮らしていると、現実的にその地域でできることを考えて動くようになる。たとえば、クレーンなどの機材は利用できないし、材料を輸入するにも高額な費用がかかる。

「この家はまだ未完成なんです」。そうカールは話す。

床面積：581平方フィート（54㎡）

この家は10面からなるラウンドハウスで、中央の柱が垂木を支えている。柱の上に載っているのは、廃棄されていた約1.2mの丸ノコ刃だ。カールはこの刃の中央に穴を開け、柱の外側にはめ込んだ。10本の垂木は、スプルースの丸棒（一方の端は直径約23cm、もう一方の端は直径約15cm）でできている。柱に深さ50mmの穴を開けて垂木をほぞ継ぎにし、上からボルトを通して丸ノコ刃に固定した（ユルトの建築様式の一種）

溶接の経験を通じて、部材の組み立て方を覚えた。

More...

すべての木材——スプルース材とカラマツ材——は
島で伐採された。

「資金が少なければ、
使えるものを調達して使うしかありません」

カールが手がけた最新の建物（建築中）には、曲線を描く屋
根がついている。「円形にするよりは簡単ですよ」とのこと

流木の木材で建てられた工房

マーク&メグが
食糧の60%以上を自給自足する
カリフォルニア沿岸の半エーカー農場

Drone photo: Evan Kahn
Drawing: Meg Simonds

●雨水貯留タンク

1. 作業場
2. 住宅
3. ソーラーパネル
4. 古い温室
5. 倉庫
6. 木造の倉庫
7. 種まき小屋
8. 新しい温室
9. 将来の鶏舎と庭
10. リンゴの木
11. アスパラガスの苗床
12. 野菜・穀物
13. 自生の樹林、低木、多年生植物、一年生植物
14. 柑橘類
15. アボカド

More...

マークとメグは有言実行の人だ。地元の小さな町では、惑星意識的なイデオロギー（地球を人間のような生物から成り立つ大きな生命体だとする考え方）の持ち主として、またその実践者としても知られている。メグは自転車（大きなカゴ付き）に乗って買い物に行く。マークは木材や波形金属パネルを探し集め、自宅や庭の資材にする。2人は町の子供たちを積極的に援助している。そして、長い年月をかけて古いコテージを改築し、食べ物の60％以上を自給自足できる小さな農場を作った（ほとんどフルタイムで働いているようなものだ）。

その様子を見て、私は考えた。仕事を引退した人間は、たとえ都市に住んでいても、このカップルと同じような──規模的にでなく精神的に同じような──活動に従事できるのではないか。70年代初頭、マークとメグがこの敷地を購入する以前に、私は左の写真を撮影した。当時ここはシルバーハウスと呼ばれており、言ってみればエキセントリックな場所だった。家の側面も、屋根も、窓額縁も、フェンスも、岩で飾られた前庭も、すべてが光沢あるアルミニウムの塗料に覆われていたからだ。

30年後、再建、改築、増築されたシルバーハウスの姿は、下の写真でご覧いただける。なんという変貌ぶりだろう！

──ロイド・カーン

マーク・バトラー＆メグ・シモンズ

私たちはこの家を25年かけて建築した。

私たちは北カリフォルニア沿岸の小さな村に住んでいる。1985年に購入した半エーカー（約0.2ha）の土地には、400平方フィート（約37㎡）の小さなキャビンが建っていた。このキャビンは当初、「シルバーハウス」というちょっとした悪名で呼ばれていた。内側も外側も、建物全体が銀色をしていたからだ。

私たちが購入した時点で、キャビンは前オーナーによって改築済みだった。シングル様式で、かわいらしく、申し分のない出来だった！ 敷地には何軒かの離れ家があり、6本のリンゴの木が垣根仕立てで植えられていた。私たちはここから作業に取りかかった。

当時、私たちは社会活動家で環境活動家だったこともあり、自分たちが暮らしたい世界について、強い気持ちを抱いていた。この半エーカーの土地があれば、自分たちの信念を表現できるはずだと思った。リサイクル材で家を建て、自分の食べ物を有機栽培し、自生の植物で景観を整える。水をできるだけ効率よく、大切に使う。それが私たちの目標だった。

私たちはこの家を25年かけて建築した。購入後しばらく経つと全体が劣化してきたため、長年を費やして自分たちで建て直したのである。材料には、セコイアメスギ、モミ、マツなどの自生の木材を使用した。リサイクル材での建築は、木材の入手から最後の釘抜きに至るまで、時間と根気を要する仕事だ。作業量が多く、なかなか完成しない。だが、その見返りは2つある。古材の品質はたいてい新材の品質を上回り、その深く豊かな美しさは経年によってのみ加わるものだということが1つ。さらにもう1つ、人間にとって重要なのは、木材との真に深い関係が結ばれるということだ。

床面積：875平方フィート（81㎡）

使用した木材の産地はすべてわかっている。

　これらの木々には、かつて「家」があった。それは古代の森であり、地球の肺として機能していた森である。この森はもうほとんど残っていない。現代人にできる最善の努力は、過去に存在していたものと、いま存在しているものへの深い敬意を持つことだ。それを念頭に私たちはマイホームの建設に取り組んだ。

　使用した木材の産地はすべてわかっている。部屋を囲むセコイアメスギの柱や梁は、カリフォルニア州フォート・ブラッグにある築150年の納屋で手に入れた。フローリング材は、南イリノイ大学の体育館の観客席に使われていた木材から削り出した。

　セコイアメスギの美しい羽目板は、私たちの友人で、ダルマ・メイト（dharmaを共有する友人）だった女性の死後、彼女の家から取り外されたものだ。

　語れることはまだ山ほどある。だがいずれにせよ大切なのは、自分の人生を自覚的に、敬意とともに生きようと心がけることだ。あらゆるものは、文字通り「母なる大地」から生まれる。

More...

この半エーカーの土地があれば、自分たちの信念を表現できるはずだと思った。リサイクル材で家を建て、自分の食べ物を有機栽培し、自生の植物で景観を整える。

私たちは2年目から庭を育て始め、そこから順調に大きくしていった。庭は毎年少しずつ着実に成長し、29年経ったいまでは1/4エーカー（約0.1ha）を占めるまでになった。果樹は20本育てており、卵を産ませるため鶏も飼っている。

食べ物の65〜70％は自分たちで育てている。必要とあれば、100％にすることだってできる。温暖な気候のおかげで、栽培は一年を通して可能だ。穀物、豆、種のほか、タマネギ、エシャロット、ニンニク、冬カボチャは常に乾燥貯蔵してある。乾燥以外にも、冷凍したり、ピクルスや缶詰にしたりして保存している食品もある。これで大人4人と子供1人は食べていけるし、ときには友人や近所の人に分けたりもする。

地域の水源は限られているが、わが家には広い庭があるので、雨水集水装置を導入することにした。保水容量は1万6000ガロン（約6万566ℓ）。350〜3000ガロン（約1324〜1万1356ℓ）まで対応できる、大小さまざまなタンクを揃えている。ソーラーポンプシステムを備えているため、庭全体で点滴灌漑を利用できる。

造園は主に自生植物で、これらの植物は冬の嵐以外に水をほとんど必要としない。生活排水は造園や果樹栽培に部分的に使用される。

住宅の大部分は、20年ものの小さな（350W）ソーラーシステムを電力源にしている。

私たちの目標はいまも変わらない。それは、土地占有面積をできるだけ小さく保つことだ。

**住宅の大部分は、
20年ものの
小さな（350W）
ソーラーシステムを
電力源にしている。**

**食べ物の
65〜70％は
自分たちで
育てている。**

ワシントンの島に建つ
スローボート・ファーム

ジニー・キャラハン

「銀行の連中は、土地を使って何ができるかを知らないんだ。だが、私たちはそれをちゃんと知っている」。父はきっぱりそう言った。このとき両親が貸してくれた資金で、私は21エーカー（約8.5ha）の放棄された農場を購入した。そこではかつて酪農が行われており、乳牛10頭が飼われていた。

私はシーカヤックのガイドとして働き、友人の農場に停めてある71年式ウィネベーゴ（アメリカ製のキャンピングカー）で暮らしていた。労働力を差し出して車の賃貸料を得ていた私は、銀行に融資を申し込んだが、一笑に付されてしまう。そんなとき、両親が土地を探すよう勧めてくれた。

これは真実の愛の物語だ。家族と信念の、旅とルーツの、そして土地と水の物語だ。

写真上と右：ジニーとヘンリックが暮らす「ミルクルーム」

それは2005年、コロンビア川に浮かぶワシントン州ピュージェット島でのことだった。私はその放棄された農場をスローボート・ファーム（SBF）と名付け、マーケットガーデン（市場向けの野菜・果物農園）、教育、キャンプ、森に囲まれた川岸から出発するカヤックツアーの拠点にしようと考えた。「レクリエーションと食物を通じて、人間と環境とのつながりを深める」がそのモットーになった。

2006年から2011年には、Lower Columbia Kayak Roundup（LoCo）を開催した。この催しに合わせて、遠くイギリスからは世界的なカヤックコーチが、北米、チリ、オーストラリア、デンマークからは学生たちが集まった。参加者は庭で採れたものを食べ、シャワーを浴びることで植物を潤し、夜には地元ミュージシャンの演奏を楽しんだ。バイオトイレの利用を通じて、未来の木々に栄養を与えた。バイオトイレ提唱者のラリー・ワーンバーグは、LoCoで使用するバケツ型バイオトイレ10台の指導と建設を行うため、SBFでワークショップを開いてくれた。

キッチンは、食事と会話を通じて私たちが団結する場所だ。

2009年、私はカヤックツアーをガイドしていた冬のメキシコで、ヘンリック・リンドストロームと彼のヨットであるミスティ号に出会った。これをきっかけに、私の人生は別の次元へ進むことになる。私からは自家製食品とコミュニティが、ヘンリックからは南洋での冒険と旅が、私たちの関係にもたらされた。『Tiny Homes on the Move』に掲載されたストーリーにあるように、私たちは2012年に太平洋を横断した。遠く離れ離れになることもあるが、この関係は、独立心の強い2人の人間に精神的な安定と大きな充実感を与えてくれる。

写真右上と右：アウトドアキッチン
写真下：キャンパーのためのたき火

写真上と右：工房

　私たち2人のほか、2013年にはカイリーン・オースティンがスローボート・ファームの仲間に加わった。カイリーンは冬に農場の世話をし、春に庭づくりを始める。敷地内にある寝室が3つのファームハウスの賃貸を管理し（広すぎて私たちは住みたいとは思わないし、その余裕もない）、コミュニティという社会機構と私たちを深く結びつけてくれている。地元で2軒の乳製品販売店を立ち上げ、地元のビール醸造所では自作の音楽を披露した。Puget Island Farm Marketではパフォーマンスと音楽ステージの運営を、Columbia River Kayakingではカヤックツアーのガイドを担当。さらに、島のほぼすべての市場向け農業関係者に何らかの形で協力している。

　カイリーンは、SBFで40フィート（約12m）の輸送コンテナを住宅に改造している。ヘンリックは溶接を手伝っている。敷地にはそれ以外にも、ミルクルーム、クープ、ヘンリックの新しい工房、差し掛け屋根のオープンキッチンなどの建物がある。ミルクルームは、かつて牛乳の加工に使われていた280平方フィート（約26㎡）のコンクリート部屋で、いまはヘンリックと私の住まいになっている。オフィス「クープ」として作り替えたのは、もともと鶏舎だった建物だ（coop「クープ」は鶏舎の意味）。オープンキッチンは、カヤックの指導を受けることを交換条件に、LoCoのボランティアが再生材で建ててくれた。キッチンは、食事と会話を通じて私たちが団結する場所だ。

　スローボート・ファームでは、予約制でキャンプを楽しんでもらえる。

写真下と右：
ミルクルームの内装

これは真実の愛の物語だ。家族と信念の、旅とルーツの、そして土地と水の物語だ。

床面積：
改造された乳牛舎：308平方フィート（29㎡）
カイリーンの小さな家：320平方フィート（30㎡）

www.ColumbiaRiverKayaking.com

カリフォルニアの山麓に建つ小さな家

マイケル・イースターリング

姉のシャロンに約束していたことがある。彼女が教職を引退したら、ここシエラ山脈の麓にある小さな農場に、家を建ててあげるということだ。私たちは設計図の下書きを繰り返した末、ようやくすべての基準を満たす1枚を書き上げた。

この住宅は、楽しく住める美しい家でなければならなかった。シャロンの予算に合わせて、また二次的住宅に関する郡の建築条例に従って、1200平方フィート（約111㎡）未満の小さな家にすることも必須だった。母家であるファームハウス・スタイルの2階建て住宅が引き立つように、デザインには工夫が必要だった。さらに、建築される間もその後に使用される間も、環境への悪影響は最小限に抑える必要があった。

こうした要素をすべて取り入れて、私は家の設計図を描いた。それは言うなれば、シンプルなコテージスタイルの家だった。主要部は24フィート（約7.3m）×24フィート（約7.3m）の正方形で、1階にはリビングとダイニングが、2階にはマスターベッドルームとバスルームがある。上階は屋根裏を広げた造りになっていて、45度の勾配屋根にシェッド・ドーマー（メイン屋根の勾配より緩やかな勾配の片流れ屋根）を2つ追加し、空間を増やしてある。

住宅本体の両側には、さらに小さな2つのウイングを設けている。サイズはそれぞれ12フィート（約3.6m）×12フィート（約3.6m）で、一方はゲストルーム、もう一方はキッチンとして使用されている。天井は上階と同じ高さに張ってあり、広々とした印象をもたらす。一方のウイングからもう一方のウイングまでは、屋根付きのポーチが囲んでいる。

地元の建築局は、ポーチを住居部分としてはカウントしない。これは幸いだ。ポーチがあれば家が広く見えるし、内外の空間に統一感が生まれる。そのうえ、夏でも家を涼しく保ってくれる。

この住宅は、楽しく住める美しい家でなければならなかった。

必要なエネルギーを最小限に抑えるため、
この家は断熱コンクリートスラブの上に建てられている。

建築が進むにつれ、新たなアイデアも浮かび上がってきた。

当然ながら、建てられていく過程で住宅の細部は変化した。私はシャロンと冗談で言っていたのだが、今回の家づくりは「共同プロジェクト」だった。要望を伝えるのが姉で、それを実現するのが私だ。

しかし、建築が進むにつれ、新たなアイデアも浮かび上がってきた。シャロンは浴室用に障子製のポケット・ドアを購入した。そこで私はクローゼットに障子ドアを建て、洗濯機の目隠しになる折り畳み式の障子スクリーンを置いた。階段の吹き抜け用に、日本の提灯のような照明も製作した。

2階のオリエンタル・スタイルとは対照的に、1階では「オールド・イングリッシュ・コテージ」の雰囲気をはっきり打ち出している。ここでは、大量の白い羽目板や格子戸のキャビネットを主役に据え、階段、マントルピース、キャビネットトップにはオーク材を使用した。

必要なエネルギーを最小限に抑えるため、この家は断熱コンクリートスラブの上に建てられている。壁と屋根は放射バリアで覆い、その後にコンクリートファイバーボードのサイディングを取り付けた。窓はガスを封入した二重ガラス窓である。壁はR値19のホルムアルデヒドフリーのバットで、垂木はR値30のバットで断熱している。そのため、夏は窓際の蒸発冷却器を、冬はエネルギー効率の良い小型の石油ファーネスを補助的に使うだけで、室内はかなり快適に保たれる。停電時に備えて暖炉も用意してある。幸いにして最近はめったにないが。

照明には、コンパクト蛍光灯かLEDのいずれかを使用している。シャワー、洗濯機、シンクの水は中水道から排水され、日陰をつくるコットンウッドの木立に供給される。

最終的に、シャロンの家は想像以上にすばらしいものになった。スタート時点で一定の基準を設けてはいたものの、多くの物事がそうであるように、全体は部分の総和に勝ることが証明された。シャロンのもとを訪ねたある人の言葉は、その事実を見事にまとめていると思う。「あなたはなんと幸せな場所に住んでいるんでしょう!」

床面積：1,200平方フィート（111㎡）

シャロンの家は想像以上にすばらしいものになった。

「あなたはなんと幸せな場所に住んでいるんでしょう!」

川の家

アリス・デュリー

Photos by Teresa Smith

**上部の斜面に家を建て、草原で遊び、
ビーチと川にいつまでも夢中になっている自分の姿が想像できた。**

20数年前、ボートを係留できる水深の場所を探していたときに、不動産業者から（ワシントン州キトサップ半島にある）タヒュエー川沿いのウォーターフロント物件を紹介された。そこは、ボートを停めるには水深が浅すぎるが、地形的には極めて魅力的な場所だった。

上部の斜面に家を建て、草原で遊び、ビーチと川にいつまでも夢中になっている自分の姿が想像できた。私はほかのあらゆる計画を覆し、この土地を購入した。

私と情熱を分かち合ってくれたのは、兄のマイケル・デュリーと甥のニコラス・デュリーだ。ニコラスが家を設計する間、私とマイケルは資金調達や許可取得を進めた。そして1年足らずで、計画は現実のものとなった。ついに家を建てられる!!!

ニコラスは、私たちの愛する木々、光、開放感を取り入れ、家に入るすべての人を満足させるデザインを考案した。機能的で、誰もがくつろげる家になるように、風水のコンセプトもいくらか取り入れた。

ロフトには、階下のオープンスペースに向かって、メープル材の見事な手すりが架けられている。この手すりの材料となったのは、住宅建設に備えてここを更地にする際、伐採せざるを得なかった若い木だ。オープンスペースは、音楽、視線、薪ストーブの熱を家中に循環させるのに役立っている。

一方がベッドルーム、もう一方が仕事部屋になっているため、ロフトではプライバシーが確保される。とはいえ、そこからほんの数歩進めば、下のキッチンで何が料理されているかを手すり越しに眺めたり、玄関に立っている友人に手を振ったりもできる。

室内ドアはたった1つ、バスルーム・ランドリーに設置されている。このドアは森に向かって開き、バスタブからはすばらしい眺めを楽しめる。

家具は小さくコンパクトに、かつ念入りにデザインされている。どの家具も、開けば収納スペースになるのだ。テーブルも開くし、ベンチも開く。集積材製のテーブルはブラケットに取り付けられているため、スツールはその下に滑り込み、床面積を回復できる。

床はオーク材、天井と上階は自動車用のデッキ材でできている。マホガニーの手すりカバーは、造船所から出た廃材で作られた。垂木にはシダーの板が貼られ、外装全体はシダーのシングル材で覆われている。

愛するわが家のために汗水たらして働き、ビジョンを吹き込んでくれた友人と家族に、私は永遠に感謝を捧げたい。

床面積：700平方フィート（65㎡）

ニコラスは、私たちの愛する木々、光、開放感を取り入れ、家に入るすべての人を満足させるデザインを考案した。

機能的で、誰もがくつろげる家になるように、風水のコンセプトもいくらか取り入れた。

上の写真3枚、左から右へ：ニコラス・デュリー（少年時代）、ニコラス・デュリー（青年時代）、今年の夏に撮影されたニコラスとアリス

こうしたオープンスペースは、音楽、視線、薪ストーブの熱を家中に循環させるのに役立っている。

ワシントンに借金をせずに建てた家

キルステン＆ブライアン・クック

私たちは40代の夫婦だ。マサチューセッツ州出身だが、オレゴン州のクレーター・レイク国立公園に仕事で滞在した後、太平洋岸北西部に心惹かれるようになった。

20年近くシアトルで暮らす間、土地を買うというアイデアは常に頭の中にあった。理想としていたのは、玄関からそのままハイキングやスノーシューイングに出かけられて、しかも誰にも出くわさずに済むような土地。私たちはワシントン州内を探し回り、オカノガン郡にある42エーカー（約17ha）の区画に一目惚れした。

3年後に隣の区画が売りに出されると、そちらもなんとか購入した。その大きな目的は、開発から土地を守ることだった。「環境保護活動で破産しそう」と書かれたバンパーステッカーが要るわね、と私はよく冗談を言っていた。所有している85エーカー（約34ha）の土地の大部分には、いずれ保全地役権（土地の保全価値を守るため、その土地の利用を恒久的に制限する任意の法的取り決め）を設定するつもりだ。町の劣悪な賃貸住宅で1年間暮らした後、私たちは自分たちの地所に完全に移り住もうと決めた。そうすれば、景観に合った家を確実に設計できるし、冬への対処もしやすくなるはずだ！

私たちは2年間、2つの小さなキャビンで生活した。1つは寝泊まり用、もう1つは調理用で、約300平方フィート（約28㎡）の面積を両者で共有していた。私たちは電池式ライトを使い、井戸から汲んだ水をキッチンキャビンまで運んだ。屋外トイレに使用したのは、カリフォルニア州アルケータに拠点を置くSunfrost社製の、ごく簡素なバイオトイレキットだ。

家の設計面では、2つの大きな目標を立てた。それは、ソーラーシステムの家にすること（土地がオフグリッドなので、パッシブ・アクティブを両方導入する）、そして「ちょうどいい大きさ」の家にするということだ。

私たちは、パッシブソーラーを得意とすることで有名な地元のデザイナーと手を組んだ。私たちが間取りのほとんどを設計する間に、このデザイナーは質量／ガラス比やオーバーハングが適切かどうかを確かめ、ビルダー向けの設計図を描いてくれた。

この家は、寝室1部屋、浴室1部屋、パントリー、仕事用ヌック、マッドルーム（汚れた衣服や履物を脱ぐ場所）、ソーラーシステム用の電源室、そしてキッチン・リビング・

基礎と骨組みはビルダーに組んでもらい、建物のそれ以外の部分は私たち自身で仕上げた。

建築には、できるだけ環境にやさしい製品を使おうと心がけた。

ダイニングスペースを兼ねた大きな部屋を備えている。室内の面積は924平方フィート（約86㎡）で、ここに屋根付きパティオ2つ分の面積を加えると、さらに175平方フィート（約16㎡）広くなる。

基礎と骨組みはビルダーに組んでもらい、建物のそれ以外の部分は私たち自身で仕上げた。自分たちでは満足できないと思うような仕事は、下請け業者に依頼した。

建築には、できるだけ環境にやさしい製品を使おうと心がけたが、田舎に住んでいるとそう簡単にはいかない。材料はオンラインで注文するか、友人に会いにシアトルへ戻ったときに購入するほかなかった。通常の汚水処理システムは導入しないつもりだったが、その案は建築部局には受け入れられなかった。そこで、生活排水を再利用するためのパイプを後日設置した。

わが家のもう1つの大きな要素は、Firewise™建築（＊）であるということだ。山火事の燃え残りが侵入するなどのリスクファクターに備え、私たちは建物を頑丈にするために手を尽くした。家の外壁に漆喰を塗り、屋根を金属製にし、軒を金属で囲った。すべての通気口にはカバーをかけて、燃え残りが入るのを防いでいる。

＊Firewiseは、山火事のリスクを最小限に抑えるための住宅向け資材やテクニックのリストを公開している：

www.firewise.org

幸いなことに、人口2500人の小さな町で、私たち夫婦は仕事に就いている。
そのため、通勤距離はわずか8マイル（約13km）だ。

私たちは土地と新居を借金をせずに所有しているのだ！

アースバーミング（家の外側に土壁を建てること）を部分的に取り入れたパッシブソーラーデザインは、その性能を見事に発揮している。ある年の冬、外が晴れていて華氏10度（摂氏マイナス12度）だったとき、家の中はプロパンヒーターを一切使わなくても華氏75度（摂氏24度）あった。また、夏に外が華氏102度（摂氏39度）に達したとき、家の中は華氏78度（摂氏26度）以上に暑くはならなかった。この家は景観にうまく溶け込んでいるため、私たちは室内にいても土地との深いつながりを感じられる。

幸いなことに、人口2500人の小さな町で、私たち夫婦は仕事に就いている。そのため、通勤距離はわずか8マイル（約13km）だ。

1999年にシアトルで家を購入したのは、いつかその家を利用して田舎の土地を買い、マイホームを建てようと思ってのことだった。だからときどき、自分の体をつねって確認せずにはいられなくなる。すべては計画通りにうまくいき、私たちは土地と新居を借金をせずに所有しているのだ！と。

床面積：924平方フィート（86㎡）

小さな黄色い家に住む
小さな赤毛の女の子

ジェス・レネー

私は友人たちから「小さな黄色い家に住む、小さな赤毛の女の子」と呼ばれている。長い冒険の旅を終え、故郷のオクラホマ州タルサに戻ってきたとき、すべては始まった。

私はブリティッシュ・コロンビア州の島々で、海辺に生えているラベンダーを収穫したことがある。イスタンブールでは予言者とお茶を飲んだし、パリのセーヌ川ではクラリネットのレッスンを受けた。それにエクアドルでは、ヒッチハイクでアマゾンを駆け抜けた。

旅は大好きだったが、鳥が巣を必要とするように、私も拠点となる家が必要だった。具体的に言えば、庭や果樹のある美しい土地の中心に、借金をせずに小さなコテージを建てることが夢だった。

24歳の旅するミュージシャンとしての生活は、私を裕福にはしてくれなかった。だが倹約し、ちょっとした工具の使い方を学び、物件探しを続けた1年後、美しい半エーカー（約0.2ha）の敷地と出会った。

そこは街の近郊にある、可能性を秘めた敷地だった。神秘的なオークの古木、缶詰の貯蔵に適した地下室、ガーデニング向きの日当たりのいい場所、陶芸スタジオに簡単に改造できそうな小屋があった。しかも、非常にリーズナブルで夢は叶ったも同然だった！

庭や果樹のある美しい土地の中心に、借金をせずに小さなコテージを建てることが夢だった。

私は家の設計図を描き始めた。120平方フィート（約11㎡）のロフトを備えた、480平方フィート（約45㎡）のコテージだ。開放感のある広々とした家にしたかったので、16フィート（約4.8m）のカテドラル型天井と、10点の大きな窓をデザインに組み込んだ。それから数カ月間は、ガレージセール、中古品店、友人宅の物置などを探し回り、見つけられる限り多くのリサイクル材を集めた。

80歳になる私の祖父と家族や友人らの協力を得て、私の家——幸せの黄色いコテージは半年間で完成した。

オークの木陰でこの原稿を書きながら、私はこの小さな家で暮らしてきた3年間を振り返り、それに付随して手に入れたさまざまなものに思いを馳せている。野菜、果物、花とハーブが育つ庭、3羽のゆかいな鶏（クローバー、スカーレット、ルタバガ）、滝の流れる池、サッカーが得意な「アスパラガス」と名付けた鳥。そして、私に負けず劣らず、自給自足のライフスタイルや旅が好きなパートナー。

どれだけ小さなスペースでも、多くの命が花開く可能性がある。小さな黄色い家に住む、小さな赤毛の女の子にとって、それは確かなことだ。

床面積：480平方フィート（45㎡）

80歳になる私の祖父と
家族や友人らの協力を得て、
私の家――
幸せの黄色いコテージは
半年間で完成した。

どれだけ小さなスペースでも、
多くの命が花開く可能性がある。

145

地元の納屋の形を模した
テキサスの小さな家

トーナー・ジャクソン

私と父は、この小さな家を草原の真ん中に建てた。そこは木々がまばらに生えた小さな森に囲まれた場所で、近くに小川もあった。

クライアントは、才能と思慮深さを兼ね備えた住宅デザイナーに依頼し、この家の設計を任せた。外観は典型的な納屋——私たちの地元テキサス州オースティン近郊で見られるような——に似せること。小さな土地占有面積を最大限に生かしながら、現代のニーズに応じたエネルギー効率のいい家にすること。それらがクライアントの希望だった。

外装のデザインは極めてシンプルだ。高い壁と急勾配の屋根からなる直線的な切妻造りによって、小さなスペースが有効活用されている。家の裏にはポーチが取り付けられている。

階下を構成するのは、寝室、浴室、キッチン、小さなダイニングエリア、そして高い天井が広々とした印象を与えるリビングルームだ。リビングから裏のポーチに出れば、開けた草原の景色が目に飛び込んでくる。

上階には、「隠れ家」として機能するオープンロフト、備え付けのバスルーム、6人の子供が安眠できる特注の2段ベッドを作った寝室がある。ロフトへのアクセス用には、船梯子を製作した。この梯子は楽しく使えるだけでなく、子供たちが寝室へ上がる際の空間効率のいい手段になることもわかった。

階段下のスペース全体も有効活用しようと、キッチンキャビネットを組み立てた。

ドアは、現場で切り出したモミ材で作った。結果的に、私たちが目指していたバンクハウス（労働者が宿泊する小屋）の雰囲気を残しながら、カスタマイズすることに成功した。

床、壁、天井は、1 inch（約2.5 cm）×6 inch（約15 cm）のイエローパイン材をさね継ぎして張った。石こうボードは使わなかった。私は父と一緒にArtisan Buildersという会社を経営しているが、手がける建物のほとんどはハイエンドの注文住宅だ。つまり、私たちの地元テキサスでは、住宅は大きければ大きいほどいいと考えられているのだ。

ホームビルダーの2代目として、私はそのことに胸が痛くなる。家が大きくなりすぎると、家本来の意義からは遠ざかっていくように思えるからだ。

とはいえ、最近はダウンサイジングの流れを受けた「ミニ・レボリューション」も進行しているようだ。私の願いは、世間の意識が変わり続けること、そして大きいものが優れているとは限らないと——大きいものはただ大きいだけだと——認識されることだ。小さな家を建てるという新たな方向性のおかげで、私は未来への希望を見出している。もっともっと多くの人に、この革命に参加してもらいたい。

家は小さく、上手に建てよう。

床面積：1,200平方フィート（111㎡）

**外観は典型的な納屋——私たちの地元
テキサス州オースティン近郊で見られるような——に似せること。**

6人の子供が安眠できる
特注の2段ベッドを作った。

家は小さく、上手に建てよう。

ミズーリの小さな家

エミリー・プリディ&ロン・ワーニック

読者のみなさまはご存じかもしれないが、私たちが出版する建築書はグラフィックに厚く、ディテールに薄いことがほとんどだ。しかし、ここに登場するエミリーとロンには、小さなスペースで生活するためのアイデアや、目標達成に必要なコスト意識の高い方法を詳しく語ってもらった。これは貴重かつ有益で、実用的な情報である。

——ロイド・カーン

2013年4月、私たちは仕事のオファーを受けて、オクラホマ州タルサを離れた。タルサでは、労働者階級地区にあった950平方フィート（約88㎡）のチューダー様式（イギリスで15世紀末から17世紀にかけて普及した建築様式）を模したコテージを、太陽光発電と薪暖房を利用する理想の家に作り変えて住んでいた。移住先のミズーリ州ケープジラードは、ミシシッピ川沿岸の賑やかな学園都市である。私たちはここで、職場から2マイル（約3.2km）圏内の労働者階級地区に建てられていた、700平方フィート（約65㎡）のクラフツマン様式（アーツ&クラフツ運動から派生してアメリカ南西部に定着した建築様式）のコテージを購入した。建築は1928年。硬材製の床と、奇抜ながら賢明な間取りに恵まれたこの家は、リスト上には「広さ1400平方フィート（約130㎡）」と誤記されていた。普段なら私たちの検討対象にはならなかっただろうが、引っ越しの期限は迫っていた。ケープジラードは、厳しいペット禁止規約のある賃貸物件だらけの町だ。そこで、取りまとめ役のエイミーは、「1400平方フィート」の家を渋々見学することに同意した。実際に計測してみると、半分の広さしかないことがわかったため、その場で購入を申し出た。

こぢんまりした暮らしは私たちに合っている。小さな家は豪邸より購入費や冷暖房費が安いうえ、収納容量が限られているため、小物に浪費したくなる気持ちを抑えてくれる。実際に私たちが購入するアイテムも、品質が高く、占有面積が小さく、汎用性の高いものばかりになった。

引退後の目標は、ニューメキシコ州に小さなオフグリッド・ハウスを建てることだ。その点から言えば、現在の小さな家は、省スペース対応の製品や戦略をテストする実験場としても役立つことがわかった。私たちはこの実験場でさまざまな収納法を試し（ベッドライザーはロンの好みではなかったが、エミリーが冷蔵庫脇に作ったロールアウト式の棚はじつに使い勝手がいい）、電化製品の使用状況を分析し、家具や物置を何度も整理し直して、スペースの最大化に努めている。

こうした実験の数々は、私たちの長期的な目標を前進させただけではない。私たちの創造性を拡大し、犬3頭と猫1匹が室内にいても広々とした、居住空間の設計を可能にしてくれた。あまりにも広く感じられるので、エミリーはわが家を『ドクター・フー』のターディス号（「内側が外側より大きい」ことで知られるSF宇宙船）のようだと冗談を言っている。

労働者階級地区に建てられていた、700平方フィート（約65㎡）のクラフツマン様式のコテージを購入した。

ボールチェアはエーロ・アールニオ（フィンランドの著名なデザイナー）の模造品。誰も好まない色だからという理由で半額になっていたものを購入した。それなりの床面積を必要とするが、座り心地が抜群で、わが家を訪ねてくる姪や甥にも人気がある。将来住む予定の小さな家も、この椅子を中心にデザインするつもりだ。クリスマスが終われば、棚の中身はそれを所有すべき人々のもとに届き、棚そのものは地下室に移せるので、リビングはいまよりはるかに広々とした印象になるだろう

床面積：700平方フィート（65㎡）

ロン・ワーニックのブログ：
www.route66news.com
エミリー・プリディのブログ：
redforkhippie.wordpress.com

家の前側は正方形を4つに区切ったような間取りになっている。1928年に設計を手がけた建築家は、リビングからダイニングを見渡せるように寝室のコーナーを切り落とすという単純な方法で、この家に必要な──ただし貴重な床面積を占める──廊下をどうにか設けた。仕事部屋として使っている手前の寝室では、クローゼットから一部を切り落とした。奥の寝室では、部屋自体から一部を切り落とした。壁に描かれた不恰好なストライプと「系統樹」は、おそらくダイニングを広く見せることを意図した工夫だろう。入居してからまだ塗り直しには着手できていないが、来年の To Do リストには入れてある

レコードクレート（レコードを収める木箱）が大好きだ。派手さはないが、安くて、実用的で、とにかくクール。基本的に大切なことは、その3つではないだろうか。仕事部屋のスペースをさらに有効活用するため、レコードクレートと廃材で対面デスクを製作することも考えている。50ドルほどあれば、私たちのニーズにぴったり合うものを作れるはずだ

小さな家は豪邸より購入費や冷暖房費が安い。

寝室内に（あるいは予算内にも）フルサイズのドレッサーを置く余裕はなかったが、安価な収納キューブユニットを数セット並べれば、洒落ていてシンプルな代用品になる。そのうえ、占有面積もはるかに少なくて済む

ダイニングルーム。一般家庭のようにテーブルを真ん中に置いてもいいのだが、そうすると目の不自由なラットテリアがぶつかってしまうし、ヨガをするスペースもなくなってしまう。そこで、垂れ板式のダイニングテーブルを壁際に置くことにした

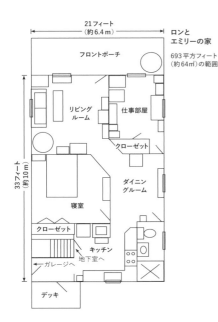

精巧なカスタムデザインのクローゼットを買う余裕がなく、限られたスペースを最大化するのが難しい場合は、アフターマーケット製品を利用しよう。ワイヤーシェルフ（左下）、吊り下げ式のセーター収納ユニット（中央）、ズボンが何着も掛けられるようにデザインされたハンガー（吊り下げ式収納ユニットの右側）などを使えば、クローゼットのスペースを最大化でき、ドレッサーをはじめとする大型家具はほぼ必要なくなる。ベッドライザー（一般のホームセンターで1セット8〜10ドル程度で入手可能）で隙間を設ければ、ベッド下を収納にすることもできる。めったに使わないアイテムは、平らなプラスチックボックスや真空バッグに詰めて、ベッドの下に滑り込ませておこう（乾式壁が傷んでいるのは、私たちが「箱」の中身を確かめようとして、うっかり穴を開けたためだ。結局、そこにあったのは地下室だった。箱に見えていたものは、地下室へ続く階段用の隙間を作っているパネルの裏面だったのだ。やれやれ）

More...

キッチンは狭いが、設計を工夫し、天井の高さまでキャビネットを取り付けた。オープントースター用には小さなカウンタースペースをわざわざ設けた。私たちはこのオーブンをベイキングにできるだけ多く使うようにして、数年後に家を小さくしたときにコンロ1台が丸ごと必要かどうかを見極めている

食器を手洗いするときの水切りラックとマット。折り畳めるので、使わないときは貴重なカウンターのスペースを取らない

こぢんまりした暮らしは私たちに合っている。

決して珍しいものではないが、この脚付きグラス用ラックはあると便利だ。下にマグカップやメイソンジャーを置く余裕ができるので、貴重なキャビネットのスペースが節約できる

コンポストキャディ（生ごみを堆肥化する容器）は最近の購入品だ。約40ドルとやや高価だが、カウンターを散らかさないし、中の活性炭フィルターが臭いを見事に──たとえタマネギやバナナの皮が投げ込まれても──処理してくれる。そのため、中身を外のゴミ箱に捨てるのは、いっぱいになってからで構わない

重いキャスター付きのシェルフユニットは、Pinterestで見つけたアイデアを参考に自作した。ユニットを引き出したときに棚から物が落ちないよう、ヤード尺（飼料店から無料で分けてもらったもの）をレールとして使うことで、コストを低く抑えた。このちょっとした仕事のおかげで、キャビネットの棚を丸ごと1つ空けることができた。シェルフユニットの後ろにあるのは地下室のドアで、このドアの先にはさらに広い収納スペースがある。たとえば、階段の横には、料理書やメイソンジャーなどの収納にぴったりな棚が作り付けられている

キャビネットの端にある小さなスペースは、使い道があるようには見えず、長いこと悩みの種になっていた。というのも、排熱用の通気口を塞いでしまうため、そこにゴミ箱を置くことも、床上に何かを貯蔵しておくこともできなかったからだ。そこで、空気が循環できるだけの高さがあるプラントスタンドを使って、このスペースを再生した。ここは裏口の真横なので、スタンドの上にピーチバスケットを置き、防虫剤、池の脱塩素剤、ガーデニング用の手袋など、屋外で使用するアイテムをたくさん入れた。巣箱を点検するときにさっと持って出て行けるように、丈夫なコートフックには養蜂用のジャケットとベールハットをかけてある。フェンスやデッキに取り付ける仕様のプランターは、蜂に関わる救急処置に必要な数種類のツールを入れておくのにぴったりだ

小さな家では、スペースの無駄遣いはできる限り避けたい。冷蔵庫の上に見えるワイヤーシェルフのセットは、整理整頓に役立っている。冷蔵庫両側の天井付近に取り付けたコマンドフックには、再利用できる買い物袋がかけてある。冷蔵庫の横に収められたロールアウト式の棚には、スパイスや缶詰が保管されている。反対側にもかろうじてスペースがあり、こちらには床掃除用のモップや、天井付近のキャビネットに手を伸ばすときに使うステップスツールがしまってある。冷蔵庫はそれ自体としての役割と、その滑らかな表面を生かしたホワイトボードとしての役割と、二役をこなす。ホワイトボードとして使われる場合は、献立や食材のリストが書き込まれる。私は携帯電話で冷蔵庫の写真を撮り、ロック画面に設定するようにしている。そうすれば買い物メモになるし、紙の節約にもなる

キッチンの入り口。狭いが、設計を工夫している。注目してもらいたいのは、キャビネットの下に取り付けられたペーパータオル・ラックと、天井付近の壁に取り付けられたプラントハンギング・ブラケットだ。後者のブラケットには、昔風のハンギング・バスケットのセットを吊り下げてある

収納容量が限られているため、小物に浪費したくなる気持ちを抑えてくれる。

Photos by Laura Simon（写真上、左下、右下）

エミリーは、クラフツマン様式の小さな家の裏庭を部分的に利用し、ウズラの小さな群れを育てている。このウズラは、市内で飼育を認められている数少ない種のうちの1種で、家族に卵を供給している

インディアナに建つ

ダン&ジュリー・パーキンス

築100年のファームハウスの改築

　私たちの友人や家族間のコミュニティでは、小さな家に住む人はほとんどいない。3人の子供とそこで暮らそうなどという人はもっと少ない。だが、私たちはさまざまな理由で小さな家を愛している——いまのところは、わが家の子供たちもそうだ！

　2009年、私は夫のダンと一緒に土地探しを始めた。自分たちの農場を所有・経営するという夢に踏み出すための土地を求めて。空き地が見つかったら、トレーラーかユルトで暮らしながら農場建設に取りかかろうと思っていた。そんなとき、私

の両親が、近隣にある20エーカー（約8ha）の敷地を見つけてきた。そこにはMontgomery Wardの小さなファームハウス（1216平方フィート〈約113㎡〉）が建てられていた。建築は1918年頃で、資材は列車で町へ届けられ、荷馬車で現場へ運ばれたようだ。

　不動産業者からは、この家をブルドーザーで取り壊すよう勧められた。敷地を売却する場合の金銭的価値がなかったからだ。しかし、私たちから見れば魅力的で、時代物の味わいがあり、可能性を感じられたので、そのままにしておいた。何箇

所か直せば、それなりに良くなるだろう。

　最初のステップは、水でぬれて傷んだ壁を修理することだった。その作業中に、1階には断熱材がないことがわかった。住宅全体の熱源は、トウモロコシを燃料とするペレットストーブのみ。漆喰やラスはできるだけ残しておきたかったが、子供のいる家庭には、常に安定した熱源が必須だと考えた。私たちは家族や友人の協力を得て、1階の内部を取り壊し、本格的な改築の準備を整えた。

2009年、私は夫のダンと一緒に土地探しを始めた。
自分たちの農場を所有・経営するという夢に踏み出すための土地を求めて。

不動産業者からは、この家をブルドーザーで取り壊すよう勧められた。

温室で簡単な配線をした経験があるダンは、『Black and Decker Complete Guide to Wiring』を購入し、あらゆる電気工事を自分でやり直した。私たちはその後、地域の建築基準をきちんと満たすべく、電気技師をしている友人に配線を点検してもらった。

セントラルヒーティングに必要な発泡断熱材の吹き付けと配管工事は外注した。続いて、いくらかお金をかけて屋外に薪ボイラーを設置した。というのも、敷地のうち11エーカー（約4.4ha）は木々に覆われているからだ。

オリジナルのファームハウスの印象を保つことは、私たちの目標のひとつだった。そのため、当初の家にあった厚い窓額縁や幅木は、できるだけたくさん残しておいた。窓額縁はすべて取り付けが終わっている（ただし、塗装は未完成）。幅木はまだ納屋にあるが、いずれ取り付けることになるだろう！

当初の家では、マツ材でできた上階の床はカーペットに覆われ、階下の床は黒々としたニスに覆われていた。これらの床を最初にベルトサンダーで研磨し、最後にステインで仕上げるまで、約40時間がかかった。また、当時住んでいた家族は、収納と作業スペースを兼ねたフージャー・キャビネット（アメリカで20世紀初頭に人気のあった、作業台としても役立つ食器棚）を使用していた。この古いキャビネットは置き去りにされていたが、友人が最近修理してくれたため、新しい家に戻せることになった。

この20世紀初頭のファームハウスには、ほかにも特徴がある。部屋が狭いことや、クローゼット

がないことなどがそうだ。私たちは階下の間仕切り壁とパントリーの壁を取り払い、メインフロアを広げた。

上階では壁を部分的に追加して、夫婦がゆっくりとくつろげる3つ目の寝室を作った。それ以外の2つの寝室は、子供たちのためのものだ。上階には小さなゲストルームと読書用のヌックも設けてある。木ダボやカーテン棒は洋服掛けに使っている。

外装にも作業が必要だった。それぞれのプロジェクトに1年間集中することにして、まずは屋根に取りかかった。2年目には、私の姉妹が外壁にペンキを塗ってくれた。その翌年にはダンがバックポーチを作り、さらにその翌年には、家からはがれ落ちそうになっていたフロントポーチを建て直した。

まさか小さな古いファームハウスを改築することになろうとは、ダンも私も予想していなかった。たくさんの夢や目標を持っていたが（もちろんいまも持っている！）、そこには含まれないアイデアだった。しかしながら、この家に暮らせること、少しずつ修理を重ねていけることに、私たち夫婦は深く感謝している。「住宅建設」に投じられるものと、「家づくり」に投じられるもの、その両方の大切さを実感している。最近、豪邸に住む友人のもとを訪ねた後、6歳の息子がぶっきらぼうに言った。「このちっちゃなうちがいい」と。

床面積：1,216平方フィート（112㎡）

www.perkinsgoodearthfarm.com

オリジナルのファームハウスの印象を保つことは、私たちの目標のひとつだった。

この家に暮らせること、少しずつ修理を重ねていけることに、私たち夫婦は深く感謝している。

ミネソタの小さな家

フランク・ロドリーグ

私が住む16フィート（約4.8m）×20フィート（約6m）の家は、コンクリートスラブの上に建っている。このスラブは、私の誕生日である8月1日に、コンクリートを扱った経験のある友人たちに手助けしてもらって打ったものだ。

独特な質感に仕上がるように、スラブはコテで平らに整えた。

その後、見た目がさらに自然になるように、コンクリートの表面をステインで染色した。

スリーピングロフトを含めなければ、土地占有面積は320平方フィート（約30㎡）と小さい。しかし、窓が多く、天井が高く、メインの支持梁によって開放的な間取りが実現されていることで、実際はかなり広々と感じられる。

パッシブソーラー設計のこの家は、暖めるのも冷やすのも簡単だ。コンクリートスラブが蓄熱体として機能すると同時に、南側にさらされた窓から日光が入るため、暖かさだけでなく、自然光もたっぷりと取り込まれる。クリアストーリー（壁の高い位置に取り付けられた窓）を備えた高い天井は、夏には煙突代わりになり、暖気を残さず外に逃す。細長い軒は、直射日光から窓を守るのに役立っている。

わが家の暖房をまかなうのは、家の中央に設置されたVermont Castings社製の薪ストーブだ。緑色のエナメルが塗られ、正面にガラス窓が付いたこのストーブは、寒い冬の夜に最高のムードを添えてくれる。

内壁は表面に変化を持たせ、さまざまな色で塗ることができるように、相じゃくりしたマツ材と石こうボードを組み合わせて張る予定だ。

浴室の床はスラブから18inch（約45cm）の高さに作られており、すべての配管がコンクリート上から届くようになっている（メインの排水管と、将来の水道用のスリーブは除く）。

電源は発電機と、車両バッテリー用のジャンプスターターだ。このジャンプスターターのプラグを壁に直接差し込むと、コンセントに電力が供給される。太陽光発電は、今後導入することになるだろう。

屋根は灰色の金属板でできている。外装のサイディングには、地元で伐採・製材されたシダーの割り板を使うつもりだ。

私は仕事の後や週末に、この建物の工事をすべて自分で行った。幼なじみも協力してくれたが、私たちはどちらも建築のプロではない。

当初から、このプロジェクトには目標があった。住宅ローンは組まない、メンテナンスが簡単な家にする、そしてできるだけ自分で作業をするということだ。将来的には、パーマカルチャーを重視した手のかからない食用植物、敷地内の岩で組み立てた屋外用の薪ストーブ、さらには燻製箱、天然のプール、薪で焚く風呂、雑木林などを景観に取り入れようと考えている。

床面積：320平方フィート（30㎡）

当初から、このプロジェクトには目標があった。
住宅ローンは組まない、メンテナンスが簡単な家にする、そしてできるだけ自分で作業をするということだ。

パッシブソーラー設計の
この家は、暖めるのも
冷やすのも簡単だ。

インスピレーションボード

浴室の床は……すべての配管がコンクリート上から届くように作られている。

リリーおばさんの家
ジョージアの古いファームハウス

スージー・エセリッジ

　私の名前はスージー。私たちの小さな家についてお話ししたい。わが家は歴史あるジョージア州マディソン郡近郊の、10エーカー（約4ha）の美しい土地の上に建っている。1943年に建てられたランチ様式（アメリカ西部の牧場主の家をイメージした建築様式）の小さなファームハウスで、広さは1082平方フィート（約100㎡）だ。

　最初の家を探し始めた頃、私たちは「魅力的な」地域を選ぶか、または田舎に近い土地を選ぶかの二択を迫られた。

　アトランタでは1年間暮らしたが、自分たちにはにぎやかすぎると感じて、街の郊外を見て回るようになった。そこで見かける住宅といえば、小さな区画に建つ奇妙な形の豪邸（80年代の奇妙さ）か、広い土地に建つトレーラーハウスばかりだった。

　私は古い家を所有することをずっと夢見ていた。バンガローに一目惚れしたのはウィスコンシン州ウェストアリスに住んでいたときで、中西部の建築はいまでも大好きだ。

　そんなとき、この小さな農場に目を奪われた。初めて見たとき、この家の何かが私の心に語りかけてきた。

　そこには古い納屋と数棟の離れがあり、ピーカン、オーク、ブラックウォルナットの巨大な老木や、森と草原が入り混じる10エーカー（約4ha）の土地があった。控えめに言っても、絵のように美しい場所だ。

　しかし、家は私たちの理想とする半分の大きさで、土地面積は理想の2倍もあった。家には寝室が2つと、小さな浴室が1つしかない。夫のネイサン、娘のリニ、そして私の3人家族。これでは以前借りていたアパートより手狭だ。

　それでも、私はこの家を見学したくてたまらなかった。あの面積に、あれだけの建物があれば、いろいろなことができそうだと思った。家は小さいが、きちんと手入れされていた。内側の空間に欠けているものを、外側の空間がうまく補っていた。

　しかも、両隣のオーナーは、広大な土地で多くの木々を育てていた。手付かずの自然というほどではないものの、それに近い雰囲気が感じられた。夫は乗り気ではなかったが、私にはこの家を手に入れる必要があった。

　最初の年は、ちょっとした受難の年だった。過去にきちんと修理されなかった箇所や、伏せられていた問題が明らかになったからだ。

　家の作業がとにかく大変だったので、屋外のプ

初めて見たとき、この家の何かが私の心に語りかけてきた。

ロジェクトに計画通りに着手できなかった。マスターベッドルームの壁は剥がして修理しなければならず、これには2カ月を要した。

　庭はほぼ荒れ放題で、植物が生い茂っていた。しかし、古いボトルや壊れたボールジャー、錬鉄製の釘や犬釘などを掘り起こすうちに、以前はどんな住人がいたのだろう？　と思いを馳せるようになった。

　この家は古い家だ。最初のオーナーが手作業で建てたのは間違いない。垂木は手切りされており、材料はおそらく敷地に生えているマツだ。

　納屋では、何らかのプロジェクトに向けて粗削りされた大きな板が20枚と、いつでも製材できる状態の丸太の山が2つ見つかった。オーナーはプロの木工職人だったようだが、すでに世を去っていた。納屋のすぐ外には古い墓地まであり、並んでいる5基の墓には、ここで暮らしていたオーナー以外の家族の名前が美しく刻まれていた。1人が埋葬されたのは1865年、残りの人が埋葬されたのは1904年頃だ。彼らがどんな人物なのか、私はいまも調査を続けている。

　近隣の人々は、この家を「リリーおばさんの家」と呼ぶ。だとすれば、そのリリーおばさんのために建てられた家なのかもしれない。彼女の家族が亡くなった後、この家は空き家になり、荒廃していったのではないだろうか。

　ジョージア州のこの辺りは、私が長年見てきたなかでもとりわけ美しい田舎の農業地域だ。魅力的な旧家屋やシェアクロッパー（小作農）用キャビンはもちろん、馬の牧場、放牧された牛、ヤギ、ロバ、綿花、トウモロコシ、ヒマワリ、モロコシなど、ありとあらゆるものにあふれている。長く続いてきた歴史がある。

　ここには魔法らしきものが存在する。シカやシチメンチョウもたくさん生息している。たまたま出会った子ジカは、おとなしく体をなでさせてくれた。夢のようだ。

　現在、私は果樹やベリーの低木を植え、堆肥を作り、区画を広げる準備をしているところだ。

　自給自足や田舎暮らしに必要なスキルを、自分の所有する土地で身につけるのは楽しい。なにせ、自分の裏庭で『Survivorman』（サバイバル専門家のレス・ストラウドが、自身の技術と知識を駆使し、極限状況で生き残ることを目指すテレビ番組）ごっこができるのだから！

　ここへ引っ越してきた当時、私たちは無職で、この地域のことをほぼ何も知らなかった。だが、結果的にはそれで本当にうまくいった。

　私たちが小さな家を選んだのは、住宅ローンを組みたくなかったからだ。おかげで広い土地が手に入ったし、そこにある家が大きすぎて圧倒されるということもなかった。

この家は古い家だ。
最初のオーナーが手作業で建てたのは間違いない。

ただのシンプルな住まいだが、再び愛で満たされて、この家も喜んでいると思う。最初のオーナーが亡くなった後、屋根裏にリスがいるだけの空き家になり、次のオーナーは口論を重ねた末に離婚したそうだ。

そして、気まぐれで、変わっていて、ゆかいな私たちがやってきた。この家もそれを幸せに感じてくれているはずだ。私たちはラッキーで、恵まれている。

わが家を紹介する機会をくださってありがとう。この小さな家を、私は心から誇りに思っている。

床面積：1,082平方フィート（100㎡）

ただのシンプルな住まいだが、
再び愛で満たされて、この家も喜んでいると思う。

わが家を紹介する機会を
くださってありがとう。
この小さな家を、私は心から
誇りに思っている。

ノースカロライナに建つ
ローズの小さなファームハウス

ローズ・デービス

　私の小さな家は、労働への愛の象徴だ。もともとは母方の祖父母が所有していたもので、購入したのは1969年、私が4歳のときだった。父はこの家を改築しようとしていたが、その途中の2006年に他界した。2012年に私が譲り受けたときから旅が始まった。

　最初の数年間は、庭を片付け、草刈りをし、この小さな古い家での生活を夢見ながら過ごした。家は864平方フィート（約80㎡）の広さがあり、ノースカロライナ州キャッスル・ヘインにある5エーカー（約2ha）の農地に、1930年代に建てられた。

　私は2015年2月に改築を始め、2015年8月24日に入居した。

　改築が済むと、ダウンサイジングに取りかかった。それまで住んでいた1400平方フィート（約130㎡）のタウンハウスは収納を多く備えていたが、この小さな家には狭いクローゼットが1つと、屋根裏があるだけだった。

　言うまでもなく、私は大量の「がらくた」を寄付したり、シュレッダーにかけたり、捨てたりした。ヤードセールだって開いた！　その後もがらくたの処分を続けたが、それでも半年ほどはトランクルームを必要とした。2015年12月にようやくトランクルームは空になったが、家のバックポーチと屋根裏は相変わらずだった。私は常に創造的な収納法を探しているので、本書に登場するほかの人たちのアイデアを参考にしたい。

　まだ工事が進んでいた2015年の春、私はボーイフレンドと一緒に、最初の庭づくりを始めた。今後は納屋兼ガレージ、温室、そして鶏舎も設ける予定だ。造園については実現できそうなことがいろいろあって、私はいつも忙しい。多くの時間は家族、友人、近所の人たちと庭で集まり、美しいピーカンの木陰やファイヤーピットのそばで過ごしている。

　ここで暮らすようになって約半年が経ち、後悔はないと心から言える。この家を修復することは、両親の熱心な働きに対する私なりの敬意の示し方でもあった。両親が私のためにしてくれたあらゆることへの、小さな恩返しだったのだ。

床面積：864平方フィート（80㎡）

私の小さな家は、労働への愛の象徴だ。

家の後部（改築前）

家の後部（改築後）

多くの時間は家族、友人、近所の人たちと庭で集まり、
美しいピーカンの木陰や
ファイヤーピットのそばで過ごしている。

この家を修復することは、
両親に対する私なりの敬意の示し方だった。

ノースカロライナに建つ
大きな森の小さな家

デビッド&
キャンディス・
ブレージントン

　2013年、私たちは大きな森の中に、家族のためだけの小さな家を購入した。サウスカロライナ州マートルビーチ地区での混沌とした、窮屈で息が詰まりそうな生活を捨てられることは喜びだった。

　最後の荷物をユーホール（米国U-Haul社の引越し用トレーラートラック）で運び込む前から、私たちは多くの計画について話し合っていた。新たな家と土地にどんな作業が必要か、どんな手直しが必要かと考えたのだ（この計画は現在も変更され続けている）。ノースカロライナ州ノー

ウッドという小さな町の一部ながら、ここには丘、森林、牧草地が混在する。ウォールデン池（アメリカのマサチューセッツ州にある湖。ヘンリー・D・ソロー著『森の生活』の舞台になった）を小さくしたような池もある。

　木々に覆われた私道は半マイルに及ぶため、私たちは100％完全なプライバシーを享受している。周囲にいる多種多様な野生生物の不思議な姿や音を楽しみ、幸福感に浸ることもできる。

　1300平方フィート（約120㎡）の質素なわが家は、それよりはるかに小さい940平方フィート（約87㎡）へとダウンサイジングされた。家からしばらく歩くと約400平方フィート（約37㎡）の独立した建物があり、ここは現在、私が書庫兼倉庫として使っている。

　この土地を購入した目的は景観であって、家ではなかった。しかし、家は小さいながらも実用的だ。娘たちはティーンエイジャーで、数年後には独り立ちするだろう。ならば、それまではひしめきあって暮らせるように創意工夫しようというのが、家

族の一致した考えだった。

　池を見渡すサンルームは、長女の寝室になった。次女の寝室はロフトにあり、一方の側からは牧草地が、もう一方の側からは池が見える。リビングの窓は、息をのむほど神々しく美しい池の眺めで、私たちを迎えてくれる。

　私たちはこの家を自分たちで建てたわけではない。それでも予算の許す範囲で、少しずつ修理と改築を重ね、エネルギー効率の改善に取り組み続けている。

　最近では、屋根を白い金属製の屋根材で葺き替えた。白色は太陽光反射率が最も高いため、家の暖房費を減らしてくれるのだ。とはいえ、氷点下とまでいかないものの寒い冬の日に、太陽の光がリビングに差し込むと、（私にとっては）快適なレベルまで部屋が暖まる。夫にはエアコンを入れたくなるほど暑く感じられることも少なくないようだ。

床面積：940平方フィート（87㎡）

ここには丘、森林、牧草地が混在する。
ウォールデン池を小さくしたような池もある。

1300平方フィート（約120㎡）の質素なわが家は、
それよりはるかに小さい940平方フィート（約87㎡）へとダウンサイジングされた。

予算の許す範囲で、
少しずつ修理と改築を重ねている。

この土地を購入した目的は景観であって、
家ではなかった。

私たちは100%完全なプライバシーを享受している。

ノースカロライナに建つ
オーナー兼ビルダーの小さなキャビン

トム&シンディ・ウェクター

私は妻のシンディと一緒に、タイニーハウスに関するテレビ番組を見たり、記事を読んだりしてきた。どの家も小さすぎることがわかったし、あれほど狭いスペースで暮らすのは自分たちには無理だと悟った。そこで、過去に取得した建築技術の学位とGoogle SketchUpを活用し、シンプルながら機能的な16フィート（約4.8 m）×32フィート（約9.7 m）の設計案を考えた。さらに8フィート（約2.4 m）×16フィート（約4.8 m）の屋根付きフロントポーチを追加し、南側には8フィート（約2.4 m）×24フィート（約7.3 m）のサイドデッキも設けた。このサイズは、効率化につながる小ささでありながら、実用に足る大きさでもあることを実感している。

間取りは次のような構成になっている。吹き抜け天井を備えたリビング（この天井のおかげで空間が本当に広く感じられる）、キッチン、浴室、キングサイズのベッドを置く余裕が十分ある寝室。加えて、ポーチとデッキは320平方フィート（約30㎡）の広さがあり、屋外スペースとして楽しめる。

数年間、家の修繕や小規模なリフォームで生計を立てた後、私はゼロから建物を完成させてみたくなった。とはいえ、野心的になりすぎて、いきなり最初のプロジェクトからフルサイズの家を建てるようなことはしたくなかった。資金もなかったので、サイズを小さくしたところ、状況ははるかに現実的になった。

私が信条にしている古い言葉がある。「何かを正しく行いたいなら、それを自分で行いなさい」。この言葉に従い、ヒートポンプと断熱材の設置以外、すべての作業は私が自分で行った。屋根構造をはじめとする一部の難しい仕事は親友に手伝ってもらい、シンディにも手助けしてもらった。私の人生経験を総体的に生かすことのできるすばらしい機会になった。

計画が進行している間は、資材を再利用するチャンスを見逃さないようにしていた。教会の遊具が交換されたときには、6フィート（約1.8 m）×6フィート（約1.8 m）の基礎柱をすべてもらってきたことで、相当の現金を節約できた。その数週間後には、ごみ箱行きになった大きな木箱の中から、良質な10フィート（約3 m）のツーバイシックス材を50本ほど回収した。さらに運のいいことに、デッキを修理中の友人からは、大量の見事なデッキボードと、玄関ポーチの飾りになるスピンドルを100本ほど恵んでもらった。ただでもらえるものはいいものだ！

何もない更地でゼロから建築を始めることは、私たちにとって斬新な体験だった。かなり険しい丘に私道を作ったり、汚水処理システムを設置したり、井戸を掘ったりと、あらゆることが画期的に感じられた。

井戸掘りは緊張した。どれくらいの深さまで掘り進めればいいのかわからないし、水が出る保証もないからだ。掘り始めたら、あとは成功を祈るしかない。私たちの井戸は深さ350フィート（約106 m）で、費用はなんと6000ドルもかかった。これとは別に、私道には6000ドル、汚水処理システムには4000ドルが必要だった。最初の釘が打たれる前から、何度も大金を支払わなければならなかったのだ。

思わず胸が躍るような、記念すべき瞬間はほかにもあった。それは電気が通った瞬間だ。照明のスイッチを入れたり、冷暖房を動かしたりできるようになったのは、すばらしいことだった。水洗トイレが使えるようになり、シャワーを浴びられるようになったことにも感激した。こうした「ぜいたく品」のない暮らしは、私たちが普段当たり前のように享受している物事を深く考える機会になる。

**私は妻のシンディと一緒に、タイニーハウスに関する
テレビ番組を見たり、記事を読んだりしてきた。
どの家も小さすぎることがわかった。**

照明のスイッチを入れたり、
冷暖房を動かしたりできるようになったのは、
すばらしいことだった。

私たちがぶつかった問題のひとつは、建設用地を見つけることだった。理想としていたのは、パッシブソーラー機能を生かせるように南向きで、できるだけ山が見え、そして――この部分が本当に厄介だったのだが――最低敷地面積の要件がない区画だった。

売りに出されている建設用地は、どれも1000平方フィート（約93㎡）以上、多くは1400平方フィート（約130㎡）以上の暖房スペースを必須としていた。この問題を回避できそうな唯一の手段は、分譲地の一部ではない広い区画を購入することだったが、予算をはるかにオーバーしてしまう。

アッシュビルから東へ30分ほど進んだノースカロライナ州オールド・フォートで分譲地を探していたとき、私たちはある土地のオーナーに出会った。彼は2エーカー（約0.8ha）の区画を切り取り、この区画を敷地面積の規制から外すことを快諾してくれた。私たちが512平方フィート（約48㎡）のキャビンを建てられるとすれば、それ以外に方法はなかった。「スモールハウス」の精神を根付かせるには、最低敷地面積の要件を見直す必要がありそうだ。

このプロジェクトに取りかかって3年ほどが経ったいま、ようやくゴールが見えてきた。あとはキッチンキャビネットを完成させて、もう少し仕上げの作業をするだけだ。

私たちが現在住んでいる3700平方フィート（約343㎡）の大きな家は、夫婦2人には広すぎる。こちらの家には、ちょっとした問題を抱えたファーネス2台とエアコン2台のユニットがある。1組のファーネスとエアコンはリビング用、もう1組は寝室用なので、使っていない部屋は閉め切り、必要なユニットだけを動かすなどして節約に努めているが、それでもかなりのエネルギーを消費してしまうのだ。この広い家では、外が晴れているときに窓を全開にするだけでも重労働だ！　いずれは小さな家に入居して、大きな家ならではの煩わしさや出費のない、快適な生活を送れたらと思う。

床面積：内装は512平方フィート（48㎡）、
　　　　ポーチとデッキ部分は320平方フィート（30㎡）

こうした「ぜいたく品」のない暮らしは、
私たちが普段当たり前のように享受している物事を
深く考える機会になる。

このプロジェクトに取りかかって3年ほどが
経ったいま、ようやくゴールが見えてきた。

ヴァージニア州シェナンドー・バレーの小さな家

アニー・マトー

Photos: Kevin Blackburn

数年前、バージニア州シェナンドー・バレーを美しく見渡せる場所に土地を購入した。馬小屋を建て、フェンスを設けた。馬たちが新居に満足したところで、私は家づくりの準備を始めた。

私が「小さな」家を建てたかった理由は3つある。1つ目に、そこに住むのは私と、12ポンド（約5kg）のジャックラッセルテリアだけだったということ（なのだが、これについて詳細は後ほど）。2つ目に、自分が日常的に使用するだけのスペースで建設し、整え、維持できる家にしたかったということ。そして3つ目に、私にとっては大きな家よりも、上質な材料と職人技が重要だったということだ。

折よく、親友で才能ある建築家のクリス・ジェンキンスが、ウィリアム・ドラメラーという請負人と一緒に働いていた。ドラメラーが経営するResponsible Houseは、地域の伝統様式に基づいた、エネルギー効率の良いプレハブ式住宅を建てる事業に乗り出したばかりだった。私は、そのプロトタイプを購入したいと申し出た。

設計が進むにつれ、この家はオフサイトではなくオンサイトで建設しようということになった。ただし、プレハブのモジュール寸法は14フィート（約4.2m）のまま残し、後からモジュールを追加できるようにしておいた。

シェナンドー・バレーのファームハウスに見られるヴァナキュラー建築（建物がその土地の風土に合わせて造られること）は、いつでも私のお気に入りのスタイルだった。シンプルで、環境に調和しており、美しく均整が取れている。わが家のデザインにもぜひ取り入れたかった。

昔ながらの材料はアップデートして使用した。立ちはぜ葺きにした金属製の屋根には、今日の最高の技術で仕上げ前の色を塗った。ラップサイディ

私は「小さな」家を
建てたかった。

実のところ、私たちは
わが家を小さいとは思っていない。
私たちにとっては、
ここは完璧な家だ。

ング（板を1枚ずつ重ね張りする工法）にはファイバーセメントを、伝統的な形の額縁には複合材料を使った。二重ガラスを入れた高性能グラスファイバー製の窓は、古い家の窓そっくりなシミュレーティド・ディバイディド・ライト（1枚の大きな窓ガラスの表面に格子を溶接した窓）と比率を備えている。

エネルギー効率の面でも最新技術を取り入れた。たとえば、吹き付け発泡断熱材、ZIP systemのシージング、空気をろ過するエネルギー回収換気装置（ERV）などだ。床は全面にわたって、地元の会社で伐採・製材された再生オーク材でできている。

このプロセスが始まった頃、蹄鉄工のマーカス・ワイズからデートに誘われた。私はその誘いを断った。だがしばらく経ってわかったのは、マーカス・ワイズは、私がそれまでに出会った人間のなかで最も優しく、最もおもしろい人間であり、しかも最も不屈の人間だということだ。彼は実際あきらめなかった！ 私はとうとう根負けして夕食のデートに行き、それからずっと一緒にいる。

工期を通して、マーカスは私を助け、決断をサポートしてくれた。そんな彼の様子が変わったのは、リビングの吹き抜け天井にポプラの羽目板が張られたある日のことだ。

私はその板を塗装するつもりだった。ところが、いつもなら協力的なはずの恋人は、「君がそんなことをしたら、僕はリビングの床の真ん中に座って泣いてしまうよ」と言った。私は降参せざるを得なかった。塗装されていない羽目板は、いまでは私の大のお気に入りで、この家の特徴になっている。

家が完成すると、私とマーカス、ジャックラッセル、そして90ポンド（約40kg）のチョコレートラブラドールレトリバーが幸せに暮らせる場所ができた。

私たちは2013年1月に結婚し、2014年7月には娘のオードリーを授かった。この家は、増え続ける家族にも見事に対応してくれる。娘が生まれて以降は、仕事部屋が子供部屋兼ゲスト用ベッドルームになり、出窓が仕事用のヌックになった。

面積はわずかしかないが、キッチンテーブルに8人を招いて夕食を振る舞っても、家は開放的で広々と感じられる。リビングスペースがオープンに設計されていることが、その大きな要因だろう。

この家には、私たちが愛するものや、特別な意味のあるものを詰め込んだ。先祖代々の家宝にはじまり、友人から贈られた工芸品やアートに至るまで、あらゆるものがここにある。

実のところ、私たちはわが家を小さいとは思っていない。私たちにとっては、ここは完璧な家だ。

床面積：810平方フィート（75㎡）

エネルギー効率の面でも
最新技術を取り入れた。

面積はわずかしかないが、
家は開放的で広々と感じられる。

私にとっては大きな家よりも、
上質な材料と職人技が重要だった。

家族で改築する
アディロンダックのロッジ

ジム・リーチ

『Whole Earth Catalog』は、1970年代の私たちにとってバイブルだった。当時、私たち（私、妻、妻の兄弟姉妹）は20代で、ニューヨーク州アディロンダック山地の辺鄙な湖畔に建つファミリーキャンプを共有していた。年月が経つうちに、みな結婚して子供をもうけ（合計6人になった）、その子供たちも結婚して自分の子供をもうけた。キャンプはみるみる小さくなっていった。

数年前、90歳になった湖畔の隣人が、200ヤード（約180m）先に所有していた築100年のキャンプの売却を決めたとき、私とリンダは貯金を取り崩し、このキャンプを購入した。

子供たちとその家族と一緒にこの場所を解体し、改築した。骨組みと屋根は、友人で元大工のキース・ハフに頼み込んで作ってもらい、自分たちの手に負えないサービスにもお金を払った。だが、できあがった家の大半は、私たちが汗を流して作り上げたものだ。

ニューヨーク州は、600万エーカー（約243万ha）のアディロンダック・パーク内での建築を厳しく管理している。そのため、私たちのプロジェクトも、18フィート×34フィート（約5.4m×約10m）の築100年のキャンプと、20フィート×28フィート（約6m×約8.5m）のボートハウスからなる長方形の範囲に限定された。

このキャンプのコアは、18フィート（約5.4m）×18フィート（約5.4m）の2階建ての小屋だった。もともとは狩猟用のキャビンだった建物で、中心には巨大な自然石の暖炉がある。この暖炉とターコイズブルーの階段だけを残し、私たちはコアの内部を取り壊した。

前側と後側には、初期のオーナーによって小屋のようなポーチが作られていた。私たちはそれを取り払い、新たな2階建ての建物にすることでスペースを追加した。

ハフは指導役となり、それまで経験したことのない物事に挑戦するよう私たちを励ましてくれた。自ら伐採したヒッコリー材で、キッチンキャビネットも製作してくれた。引き出しの底に使われているのは、古いキャンプの壁から回収してきた羽目板だ。

私は『Tiny Homes』の初版本を持っている。この本を参考に、キャンプの後ろにワンルーム・キャビンを建てる予定だ。改築を始めたとき、私たち家族は6人だった。5年後には9人になり、いまなお増え続けている。それでも、自分たちで建てた小さな寝室4つと小さな浴室2つのこの家で、誰もが居心地よく暮らしている。

なぜなら、家のすぐ外には、あの600万エーカー（約243万ha）の土地が広がっているのだから……。

床面積：1,206平方フィート（112㎡）

アディロンダック山地の辺鄙な湖畔に建つファミリーキャンプを……

自ら伐採したヒッコリー材で、キッチンキャビネットも製作してくれた。

自分たちで建てた小さな寝室4つと小さな浴室2つのこの家で、誰もが居心地よく暮らしている。

ニューイングランドに建つ
ソロビルダーの小さな家

ジム・バフーシュ

エリカの家──床面積：720平方フィート（67㎡）

ベイサイドの家──床面積：980平方フィート（91㎡）

私はソロの住宅ビルダー兼デザイナーだ。

　私たちがジムに出会ったのは、ちょうど本書の最後の仕上げをしているときだった。ジムの作品はすばらしく、時代にも合っていたため、彼を紹介するスペースをこの本に設けることにした。

　高品質で、見た目に美しく、実用的で小さな家を1人で建てるというジムの活動は、地域を問わず若いビルダーのお手本となるだろう。

　　　　　　　　──ロイド・カーン

　小さな家を所有すべき大きな理由はいくつもある。家が小さければ、建築や維持のために消費されるリソースが少なくて済む。暖めやすく、掃除がしやすい。とはいえ、私にとっ

て、その理由は個人の好みという点に尽きる。単純に小さな家が好きなのだ。小さな家は、私が考える理想的な家の条件にマッチしている。その条件とは、安全で、頑丈で、居心地がよく、美しいということだ。

　私はソロの住宅ビルダー兼デザイナーだ。1983年に古い家を購入し、そこへ引っ越して改築を始めた。その後は新築に興味を移し、自分が好きなニューイングランドの伝統家屋風の外観と雰囲気のある家を設計するようになった。2002年以降は、500平方フィート（約46㎡）から900平方フィート（約84㎡）までの小さな家の建築に注力している。ただし、伝統的な様式で設計するとい

ジュディの家──床面積：980平方フィート（91㎡）

新築に興味を移し、
自分が好きなニューイングランドの伝統家屋風の外観と
雰囲気のある家を設計するようになった。

う点は以前と同じだ。

　建築を始めた当初、私には工事や施工の経験がほとんどなかった。あったのは、信念──自分なら何かを学んで問題を解決できるという信念だけだった。どう言葉にすればいいのかわからなかったが、当時の私は、個々の構成要素からなる建物全体を1つのシステムとして見る方法を学んでいた。ミスをすることも厭わなかった。粘り強い性格にも確実に助けられた。

　私のデザイン感覚、材料選び、建築技術はニューイングランドに強く根差している。デザインの際には、入手可能で上質な材料を念頭に置く。

たとえば、私の地元では、4番のマツ材が簡単に手に入る。厚さが7/8 inch（約2.2cm）で、標準的な幅に切断され、片面をかんながけしてあるものだ。

　ソロビルダーが屋根を覆う場合には、こちらのマツ材のほうがシート製品より扱いやすい。私はいつも余分に注文し、そこから外装の額縁用に最適なものを厳選している。廃材は埋立地には送られず、薪ストーブの燃料になる。とにかく、扱いやすいところがすばらしい。

　材料選びにせよ、デザインにせよ、それがすばらしいものでないなら、行う意味などないのだ。

ブルックリンのコテージ──床面積：720平方フィート（67㎡）

家が小さければ、建築や維持のために消費されるリソースが少なくて済む。

このページのすべての写真：マーサの家——床面積：740平方フィート（68㎡）

私は単純に小さな家が好きなのだ。

人里離れたバーモントの森に建つ 小さな家

グレッグ・ライアン

この家を設計したのは、私が16歳のときだった。

この家を設計したのは、私が16歳のときで、父からレスター・ウォーカーの著書『The Tiny Book of Tiny Houses』をもらった頃だった。この本は、いまでも私の着想の源になっている。

需要があると確信した私は、兄に借金をして、『Popular Science』誌の巻末に「タイニーハウスの設計できます」と広告を出した。これですぐ金持ちになれるだろうと思った。何か大きなことを思いついた気になって、結局現実はそう簡単ではないと知るのは、このときが最後とはいかなかった。

いずれにせよ、私はそうした設計案を温め続けた。そして数年後、バーモント州中央部に美しい土地を購入し、家を建てることにした。

いくつか問題もあった。自己資金はわずか3500ドルで、信用がなく、妻はそのとき妊娠7カ月だった。土地は極めて美しいが、辺鄙な場所にある。電話はつながらず、電気は通っておらず、町に整備されている道路すらない！ だが、常識以上に意志を優先させる向こう見ずな若者にとって、そ

れらは取るに足らぬ障害だった。

結果的に、その冬は暖冬で終わったことが本当に幸いだった。除雪をしなくても、3月初めには日産セントラで道を走れたが、マフラーは一度か二度折れてしまった。どれだけ条件に恵まれていても、4級の山道で材木を運ぶには、もっと頑丈な車が必要だとわかった。

そういうわけで、1～2カ月後には、3500ドルで家らしきものができた。エイダン（次男）が生まれる2週間前に、私たちはそこへ入居した。

水道はなく、電気もなく、予備の暖房もない。半マイルに及ぶ私道を、スノーシューズを履いて食料を運ぶことがどれほど大変か、想像もつかなかった。一部の窓枠はプラスチックで覆われていたが、断熱材としてはほとんど機能していなかった。薪は燃やしたい日と同日に切ってはいけないなど、いくつかの基本的なルールを理解するのにも時間がかかった。

数年後、ソーラーパネルと断熱材をいくらか追

加した。水は泉から重力で送られるため、ポンプは必要ない。これに加えて、超高性能のSun Frost社製の冷蔵庫を導入したおかげで、必要な電力は非常に低く抑えることができた。20年経っても、太陽光発電で発電しているのはわずか400Wだ。

敷地には、おがくずを使用するバイオトイレを備えた、素朴で小さな離れもある。家はとても居心地がよく、日当たりにも恵まれているため、バーモントの長い冬を乗り切るのに大いに役立っている。

これまで20年以上の間、この小さな家は、私の家族（メンバーが3～4人増えることもある）をしっかり支えてくれた。わずか732平方フィート（68㎡）の広さで、家族4人の住まいを提供してくれた。しかも住宅ローンはなしだ！

床面積：732平方フィート（68㎡）

自己資金はわずか3500ドルで、
信用がなく、妻はそのとき妊娠7カ月だった。

デッキでマンドリンを弾く長男のケイシー・ライアン（当時6歳）

この小さな家は、家族4人の住まいを提供してくれた。
しかも住宅ローンはなしだ！

More...

家はとても居心地がよく、日当たりにも恵まれているため、
バーモントの長い冬を乗り切るのに大いに役立っている。

これまで20年以上の間、
この小さな家は、
私の家族（メンバーが
3〜4人増えることもある）を
しっかり支えてくれた。

夏用の赤い服を着たケイシー・ライアン
（当時7歳）

南バーモントの小さな暮らし

リンダ＆ロブ・スペリー

こんにちは！　ようこそDeer Valley Cottageへ。ここはバーモント州南部にある、私たちが住む480平方フィート（約45㎡）の小さな家だ。

わが家はリビング兼キッチン、寝室、浴室で構成されている。私は夫のロブと一緒に、2013年7月からここで暮らすようになった。

家の本体が建てられたのは1960年頃だが、浴室の増築部分（スライド式の開き戸を含む）は2010年頃に追加した。私はノルウェーの伝統を強く受け継いでいるため、現地の祖父母から譲り受けた品々をたくさん家に飾った。

私たちのコテージは、6エーカー（約2.4ha）強の土地に建っている。その一部は森に覆われ、全体的に岩が多い。75フィート（約23m）×55フィート（約17m）の人工池は、敷地を区切る小川の「支流」となっている。さらにユニークな特徴は、森の中に14フィート（約4.2m）×14フィート（約4.2m）の丈夫なツリーハウスがあることだ。このツリーハウスは、温暖な季節のゲストハウスとして利用されている。

6フィート（約1.8m）の幅木ヒーターを除けば、わが家の熱源は、非効率的な暖炉埋め込み式のプロパンガスストーブだけだった（部屋が狭いので、薪ストーブをゆったり置けるだけの余裕がないのだ）。そこで2014年10月、三菱製の寒冷地向けヒートポンプを寝室に設置した。寝室の写真で机

の上部、壁の高い位置に見えるのがそれだ。このポンプは予想以上に効果的で、気温が華氏マイナス10度（摂氏マイナス23度）ほどと低くても、熱を汲み出してくれる（気温が華氏15度〈摂氏マイナス9度〉を下回る場合には、プロパンガスストーブか幅木ヒーター、またはその両方で熱を補う必要がある）。小さな室外機には、雪除けとして簡単な囲いを取り付けてある。

事前に断熱材やコーキング（防水性や気密性の向上のため、建物の隙間を目地材などで埋めること）を追加していたことも考慮すると、去年の冬は、このヒートポンプのおかげで少なくとも2000ドルを節約できた計算になる。寝室のユニットは、ファンの回転速度をさまざまに設定できる。低速は非常に静かなので、夜間に使用される。日中は寝室の戸口で小型の扇風機を回し、暖気が家全体に行き渡るよう工夫している。

幸いにして、私はできるだけ効率よく整理整頓するのを楽しめる性格だ。小さな家で暮らすなら、これは重要だろう。家具のほとんどは、それ自体の役割と収納の二役をこなしている。雑多な日用品から装飾品まで、なるべく散らかさないでおくのは至難の業だ。

私たちのコテージは、6エーカー（約2.4ha）強の土地に建っている。
その一部は森に覆われ、全体的に岩が多い。

75フィート（約23m）×55フィート（約17m）の人工池は、敷地を区切る小川の「支流」となっている。

More...

多くの人の家がそうであるように、Deer Valley Cottage も
まだ建築の途中にある。予定しているプロジェクトのひとつ
は、リビング兼キッチンと寝室のカーペットが敷き詰められ
た床を、コルクか木製のフローリングに張り替えることだ。そ
れ以外にも、ボード＆バテンのサイディングをビニールに置
き換えるなど、さまざまなことを計画している。

小さな家では、収納スペースの確保が難しい。私たちのよ
うに、（何度か処分したにもかかわらず）何百冊という蔵書を
抱えている場合にはなおさらだ！

引っ越してきてすぐ、ロブは屋根裏にプルダウン式の階段
を取り付け、屋根に断熱材を入れた。屋根裏には十分な熱が
上昇してくるので、冬の気温は華氏50度台前半（摂氏10度
程度）に保たれる。夏もそれほど暑くはならない。きちんと
整理されているため、本などの探し物はすぐに見つかる。頭
上スペースがそれほどあるわけではないが、一方の端は私が
もらい、写真やアート用のスタジオにしている。週1回程度
しか使わないような大型のキッチン用品は、屋根裏の階段近
くの棚に保管してある。そのため、階段を途中まで上がれば、
それらに手が届く。

キッチンには、カウンターもキャビネットも引き出しもな
い。祖父母が使っていたコテージスタイルのビュッフェ（軽
食や飲み物を置く台）はカウンターにちょうどいい高さで、食
品貯蔵庫にもなっている。また、寝室の数歩先にある背の高
い独立式のキャビネットも、食品の収納スペースを備えてい
る。ビュッフェの隣にはロブの古いチェストがあり、ここに
は銀製食器、調理器具、リネン製品が収められている。

ほとんどの衣類は、安価なプラスチック製の洗濯かごに収
納し、ベッド下からスライドさせて取り出している。吊るし
ておきたい服は、何年も使用している昔ながらの衣装ダンス
に入れてある。屋根裏の一端には、季節外れの衣類をかけて
おくための金属バーを取り付けた。

ロブも私も、人をもてなすときは一度に数人だけをもてな
すのが好きだ。コンパクトな家は少人数で集まるのに好都合
だが、私たちは、ソファ前のコーヒーテーブルにうまく重ね
られる折り畳み式テーブル（普段は倉庫にしまってある）を
使って、屋内で8人をもてなしたこともある。テーブルから
伸ばされた補助天板は、私たち夫婦とゲスト2人が座るため
に使用されることが多い。春になると、家と2本の木に大判
の白い防水シートをかけ、クリップで留めている。これは、暖
かい時期の太陽や雨からパティオを守り、私たち自身と来客
のために快適な空間を生み出す工夫だ。

確かに、ライフスタイルを変える必要はあった。それでも
私たちは「小さな暮らし」を愛しているし、わが家を訪れる
人のほとんどもこう言ってくれる。「自分も小さな暮らしをし
てみたい」と！

床面積：480平方フィート（45㎡）

家全体の様子が伝わるコラージュ写真。キッチン、浴室、リビング、暖炉、ダイニングテーブル

2014年10月、三菱製の寒冷地向けヒートポンプを寝室に設置した。

ほとんどの衣類は、安価なプラスチック製の洗濯かごに収納し、
ベッド下からスライドさせて取り出している。

More...

キッチンには、カウンターも
キャビネットも引き出しもない。

さらにユニークな特徴は、
森の中に14フィート（約4.2m）×14フィート（約4.2m）の
丈夫なツリーハウスがあることだ。

その大きなメリットは住宅価格が
半分になることだ。

サンフランシスコの2世帯住宅

ジェイ・ネルソン、レイチェル・ケイ、ダリア・バーデ

「私たちだけでその家を買うのは無理だったでしょう」とジェイ・ネルソンは言う。10年ほど前、請負業者をしているジェイの友人が、サンフランシスコのオーシャンビーチ近隣にある自宅を売りたがっていた。ジェイと妻のレイチェルには金銭的余裕がなかったため、友人のダリア・バーデと共有不動産権の契約を結び、その家を一緒に買うことにした。

この種の契約は、複数の当事者が共同出資して銀行の融資を受けることを可能にするもので、物価の高いサンフランシスコでは人気がある。弁護士は、将来起こりうる変化を見越して契約書を作成する。

この家はすでに2つのユニットに改造済みだった。ジェイいわく、「サンフランシスコはいつも寒いんです」。そこで、断熱材をたくさん入れ、古い窓を二重ガラス窓に取り換えた。床下にパイプを走らせ、温水式の放射暖房を利用できるようにした。

ジェイ、レイチェル、娘のロミーは階下に住み、ダリアは上階に住んでいる。

裏庭にはスタジオ、ピザ釜、野菜の苗床、屋外シャワーがあり、ダリアの階にあるデッキへ上がるための螺旋階段が取り付けられている。クリアな意思疎通のため、月に一度は3人が裏庭に集まってピザを食べ、彼らの共同事業について話し合うのだそうだ。

こういう方法なら、都会で暮らす人間にも真似できるのではないだろうか。ここで重要な要素は、言うまでもなく、当事者全員がいい関係でうまくやっていけることである。その大きなメリットは住宅価格が半分になることだ。

何年か前に偶然見かけたジェイの作品。ウィットに富んでいてエレガントな乗り物である

話を聞いてから、私はジェイの大工としての作品を見せてもらった。ハワイのすばらしいツリーハウス、屋外シャワー、小さなキャビン。巨大なスライド式ドアを備えた、リサイクル材製のスタジオもあった。木材を使用した見事なデザインと優れた職人技による、創造的な大工仕事だった。

ある日、ジェイの家を訪ねると、ちょうどサーフィンから帰ってきたところだった。ジェイは裏庭へと急ぎ、屋外シャワーを浴びた。私たちは一緒に、ベンチ、テーブル、ピザ釜、庭の苗床などを――大都市の住宅の裏庭で見られるものばかり――見て回った。「何もかも自分で作りたいんです」とジェイは言った。

ジェイはビルダーであると同時に、多作なアーティストで画家でもある。彼の作品は『Tiny Homes』や『Tiny Homes on the Move』にも登場する。レイチェルは画家で、ダリアは映画製作者だ。

床面積：階下：800平方フィート（74㎡）
上階：900平方フィート（84㎡）

www.jaynelsonart.com
www.rachelakaye.com
www.avocadosandcoconuts.com

ジェイ、レイチェル、娘のロミーは階下に住んでいる。

More...

ダリアは上階に住んでいる。

裏庭にはスタジオ、ピザ釜、
野菜の苗床、屋外シャワーがあり、
ダリアの階にあるデッキへ上がるための
螺旋階段が取り付けられている。

LAに建つ古く小さな家の改修

「私たちはロサンゼルスに暮らす4人家族だ」

ジョシュ&ドナ・ロビンソン

ロイドへ

私たちはロサンゼルスに暮らす4人家族だ。ここの不動産市場はかなり厳しいが、苦労して探し回った末、銀行所有の家に10年ほど前に入居できた。それまでの数年間、この家は空き家になっていた。

広さは約1100平方フィート（102㎡）で、建築は1950年代後半。もともとは渓谷に建てられ、1967年に、ロサンゼルス北東部の現在の場所（ユニオン駅のわずか4マイル〈約6.4km〉先）に移されたらしい。

50年代に建てられたとあって、この家には何の個性もなかった。私たちには多くの試練があったが、本当の問題は別にあることがわかった。長年にわたる修理がほとんどその場しのぎで、最低限しか行われてこなかったのだ。

床は腐り、構造フレームはシロアリなどに食われて、紙のようにぼろぼろになっていた。それでも、ここはLAの美しい穴場であり、あらゆるものが手に入ったことを幸運に思う。

通り沿いには、未開発の大きな公園地域が広がり、近隣の人々は親切で、すぐ近くにはダウンタウンがある。ルミスの家（1800年代に建てられた、素朴なアメリカン・クラフツマン様式の石造りの家として有名）もすぐ近くにある。

写真をお送りするなら、できればこの場所をもっと整えてからにしたかった。だが、使える時間以上にやるべきこと（と実現できそうなアイデア）が多いのはいつものことだ。

いずれにせよ、あなたが今回のプロジェクトを進めていると聞いてうれしくなった。私はたまたま古本屋で、あなたの著書『Home Work in Kansas City』に出会った。みなさんが言うように、私もその内容に刺激を受けている。

私はずっとビルダーでメーカーだったので、家を建てるという発想そ

のものには難しさを感じなかった。私を常に刺激してくれるのは、むしろあなたの視点であり、個人として見せてくれる生き方である。もちろん、目を見張るほど包括的なルドフスキー（アメリカの建築家、バーナード・ルドフスキーのこと。衣食住すべてを観察し、生活に密着したデザインを手がけた）の作品や、反逆のビルダーの文化、60年代の現実逃避的な思想には、抗いがたい魅力がある。

しかし私から見て、そこまでの飛躍は問題であり、いくらか近視眼的に感じられる。いずれにせよ、世界から野生が失われるにつれて、そうした現実逃避的な思想は強固になり、批判性を増していくだろう。「野生に戻るべき」との主張が始まったのは、すでに何世代も前なのだが。

考えるべき余地は、その両者の間に存在する。だからこそ、「都市にある小さな家」というコンセプトがかえって刺激的で本質的に感じられるのかもしれない。美術学校を出てメーカーになった私たち夫婦には、文明からすっかり疎外された生活を送ることも、密集したアパートで暮らすことも、自分たちの理想の生活には結びつかないのだ。

妻は陶芸とガラス関係の仕事をしており、私は建築家をしている（変人だと思わないで！）。10年間はビルダーとして働いていたが、美術画の学校にも通っていた。これらはスペースが必要な作業であると同時に、共同で行う作業でもある（ただし、絵を描くことは別だ）。

わが家は、私たちのメーカーとしての側面を完璧に満足させてくれるわけではないが、家としてはかなり優秀だ。50年代に建てられたからか、空間効率が抜群なのだ。

寝室3つと浴室2つで1100平方フィート（102㎡）の家というのは、現在の住宅より狭いだろう。だが、この家は私たちにぴったりな広さで、都会での現実的な暮らしに必要なニーズを満たしてくれる。

床面積：1,100平方フィート（102㎡）

www.robinsonindustry.com

ジョシュ、ドナ、ドメニコ（ニコ）、リバー

私はずっとビルダーでメーカーだった。

ここの不動産市場はかなり厳しいが、
苦労して探し回った末、
銀行所有の家に10年ほど前に入居できた。

私たち夫婦には、文明からすっかり疎外された
生活を送ることも、密集したアパートで暮らすことも、
自分たちの理想の生活には結びつかないのだ。

More...

LAに建つ古く小さな家の改修

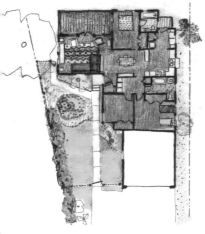

床は腐り、構造フレームはシロアリなどに食われて、
紙のようにぼろぼろになっていた。

これはキッチンの窓で、私たちがスクラップ回収場で見つけてきたものだ。近くに改築中のウォレス・ネフ（南カリフォルニアの建築家。「カリフォルニア・スタイル」と呼ばれる建築様式で知られる）の家があり、この美しい窓はもう不要だと判断されたようだ

デッキはいまもかなり薄く作られているが、入居した当時は手すりすら付いていなかった。じきに子供が生まれる予定だったこともあり、私たちはすぐ行動せざるを得なかった。また、このあたりの地域では山腹の防火対策としての伐採が課題になっていたが、わが家は長く銀行所有になっていたため、裏のエリアには木が生い茂っていた。そこで、私たちは一部の邪魔な木を伐採し、それを手すりを支える支柱として使用した

浴室内は取り壊し、亜鉛メッキの配管、腐った下張り床、窓を交換した。トイレは再利用し、回収品の薬棚、浴槽、バスタブ、洗面台を入れた。洗面台の周りにはキャビネットを建てた。ここに使用されている大理石は、最近キッチンを改築した友人が余り物として恵んでくれたものだ。私はフルタイムで働いているので、自分で作業をする時間がなく、タイルの設置は職人に任せた。しかし、それ以外はすべて私が完成させた

このキャビネットもスクラップ回収場で見つけた。時期は定かではないが、もともとはすべて現場で、フルディメンションランバー（規格通りに製材された木材）から作られたようである。だとすれば、かなりの年代物なのは間違いない。背面には多少修理が必要だったが、便利で美しいダイニングエリアのアクセントになっている

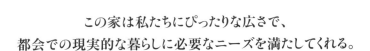

ここはLAの美しい穴場であり、
あらゆるものが手に入ったことを
幸運に思う。

この家は私たちにぴったりな広さで、
都会での現実的な暮らしに必要なニーズを満たしてくれる。

寝室の改装が実質的に最初のプロジェクトになったのは、簡単そうに思えたからだ。壁の羽目板の一部を剥がし、窓にやすりをかけ、クローゼットの壁を建て、ペンキを塗り広げるだけでいいと思っていた。実際には、窓枠は移築後に傾いてしまったために削られていたし、ヘッダー（梁の先端同士をつなぐ横材）はシロアリの被害で紙のように薄くなっていた（驚いたことはほかにもまだあった）。そういうわけで、改装には予想以上に時間がかかってしまった

ブルックリンの森に建つキャビン

デレク・ラシャー

このアパートで最も目を引くのは、壁全面を収納スペースとして利用していることだ。

トム・ボナミチのアパートは、「ブルックリンの森に建つキャビン」と評されてきた。ここは私にとって、ニューヨークで断然お気に入りの美術館だ。トムは工業デザイナー兼大工であり、ワークショップに着想を得たキッチンに強く興味を持っている。この平凡で大衆的なニューヨーク市（ブルックリン区ベッド・スタイ）の賃貸物件で暮らしてきた3年間で、トムはここを彼にぴったりで、いかにも彼らしい空間に作り変えた。

このアパートで最も目を引くのは、壁全面を収納スペースとして利用していることだ。シェーカー教徒の建築様式を参考に、主室と玄関ホールはペグレール（物を吊すための丸いペグが6inch〈約15cm〉間隔で配置された木製のレール）で囲ま

れている。ストーブの上にはペグボードが、カウンターの上には食器戸棚が取り付けられ、キッチンのあらゆるものがすぐ手の届くところに保管されている。

工具、フリーマーケットでの掘り出し物、多様な本のコレクションが目につくように置かれているため、訪れた人はこの小さな空間を探検し、何かを手に取りたくなる。そして、建築、外国の文化、昔の田舎暮らしについて書かれた本のページをめくらずにはいられなくなるだろう。

このアパートは、新旧の友人が集まって食事や料理をしたり、プロジェクトを行ったりする場にもなっている。私はここで家具を作り、スプーンを彫り、服を修繕し、料理を楽しみ、多くを学ん

できた。部屋が生産的に散らかることは常に歓迎されるし、ほうきは必ず手近なところにある。

主室をリビングとしてではなくダイニングとして使うというトムの選択は一般的ではない。それでもどちらか選ばざるを得ないという人にはお勧めの方法だ。ソファとコーヒーテーブルだけの空間は、リラックスするにはもってこいだが、食事の時間には物足りなさが残る。誰かと交流するにせよ、食事を共にするにせよ、テーブルを囲むのはいつも楽しいものだ。

これまでに訪れたなかでも、トムの家ほど全体的に刺激的な場所はない。

床面積：350平方フィート（33㎡）

シェーカー教徒の建築様式を参考に、主室と玄関ホールはペグレールで囲まれている。

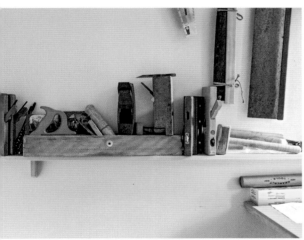

私はここで家具を作り、
スプーンを彫り、服を修繕し、
料理を楽しみ、多くを学んできた。

More...

トムは工業デザイナー兼大工であり、
ワークショップに着想を得たキッチンに強く興味を持っている。

このアパートは、
新旧の友人が
集まって
食事や料理をしたり、
プロジェクトを
行ったりする場にも
なっている。

誰かと交流するにせよ、食事を共にするにせよ、
テーブルを囲むのはいつも楽しいものだ。

太陽、雨、遮光を取り入れる
アーバン・キャビン

ブラッド・ランカスター

Photos from Rainwater Harvesting for Drylands
and Beyond by Brad Lancaster

1994年、『Shelter』に掲載されていた「レジデンス・ルネッサンス」という記事と、パーマカルチャーの講座に触発され、私は兄と一緒にアドベ製のバンガローを購入した。このバンガローは、アリゾナ州ツーソンのダウンタウンのすぐ北にある1/8エーカー（約0.05ha）の土地に、1919年に建てられたもので、使用禁止になる寸前だった。私たちはこの家と庭を、持続可能なショーケースに改修した。

長い間、私と兄とその家族は、740平方フィート（約68㎡）の家（私の仕事場でもある）に全員で住んでいた。しかし家族が増えたため、私は敷地内にある200平方フィート（約18.5㎡）の独立した1台用ガレージ（写真右）をコテージ、つまり「ガロテージ」に改造し、そこに移り住むことにした。私がこの小さなスペースに望んだのは、つながりが感じられることと広さだ。同時に、必要なものを取り入れやすく、スケールが大きいという点で、周囲にポジティブな影響をもたらすことだった。

これを実現するため、私はお金のかからない大きなエネルギーや可能性を求めて、太陽、雨、コミュニティなどと協働した。この建物の太陽に対する向きは、無料のパッシブなシステムで冬の暖房と夏の冷房を利用するのに適していた。こちらの緯度では、冬の太陽は南東から昇って南西に沈み、空の南側の低い位置にとどまる。一方で、夏の太陽は北東から昇り、午前9時頃には真東に、正午には空高くに、午後3時には真西に到達して、北西に沈む。したがって、この建物の南向きの長い

改造前の1台用ガレージ。建て直しに向けて、中のがらくたのほとんどが撤去されたところ

壁は冬の太陽に面しており、冬に必要な熱と光を1日中無料で、最大限に活用できるのだ。東向きと西向きの短い壁は、夏の朝と昼下がりの太陽に面しており、不要な夏の直射日光にさらされる時間を最小限に抑えてくれる。

屋根を持ち上げてロフトスペースを作り、南向きの窓を追加したときには、北側にある隣家にも

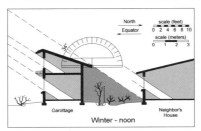

屋根に角度をつけて高さを抑えることで、隣家の日当たりを確保した。冬至の正午、隣家の南向きの壁に影が落ちる。分度器は北緯32度での冬至の太陽の角度を示している

冬の日当たりが確保されるよう配慮するのを忘れなかった。屋根の高さを抑え、その角度を冬の太陽の角度に近づけたのだ。これにより、両方の建物が高価な化石燃料を使うことなく、太陽によって無料で暖められ、照らされ、電力供給を受けることが可能になった。

南と赤道を向いている屋根のせり出しと窓は、冬の直射日光と熱を最大限に取り込み、夏の直射日光を最大限に遮るよう設計されている（写真下を参照）。

パッシブな夏の遮光効果と冷房効果を（冬の暖房効果を妨げることなく）いっそう高めるため、建物の東側のアウトドアキッチンには100平方フィート（約9.3㎡）の屋根付きポーチを取り付け、東側と北側には食用樹を植えた。西側の遮光効果は、西壁に接した屋外用の物置小屋を建て、食用樹を増やすことで強化した。おかげで、私は冬を通して暖かい直射日光を浴び、夏は涼しい日陰に守られる。これぞ、パッシブなシステムがもたらす無上の喜びだ。

内装を広く見せる工夫として、この家はすべてが一体になった多目的ルームで構成されている（p.194参照）。ただし、広い部屋を一時的にカーテンで仕切れば、必要に応じて小さな部屋も用意できる。

建物の土地占有面積を最小限に抑えることで、庭や屋外の居住空間は最大限に増やしてある。これは、屋内の部屋のいくつかを屋外に設けたことと同様に、資金の節約につながった。

アドベ製のバンガローを購入した。このバンガローは、
アリゾナ州ツーソンのダウンタウンのすぐ北にある1/8エーカー（約0.05ha）の土地に、
1919年に建てられたもので、もうすぐ使用禁止になるところだった。

冬至の正午。冬の太陽を徹底的に活用すれば、それを最も必要とするときに熱や光が無料で手に入る。矢印は太陽光線の角度と、結果として生じる屋根のせり出しの影を示す

春分の正午。気温が上がり、日光を直接取り込む必要がなくなると、直射日光にさらされる時間が少なくなるよう設計されている

夏至の正午。夏の遮光を徹底すれば、それを最も必要とするときに涼しさが無料で手に入る。暑い季節にはオーニング（日除け）を伸ばし、涼しい日陰を最大限に増やしている
詳細はこちら：www.SunAndShadeHarvesting.com

ポーチの屋根に置かれたベッド。写真は夏の夜に撮影されたもの。このあたりの乾燥した気候では、夜間の放射熱損失が著しいため、夏の夜は屋根上の気温が屋根下より華氏10度（摂氏5.5度）、開けた地上より華氏5度（摂氏2.7度）低くなる

西向きの壁にある屋外用の物置小屋は、午後の暑い日差しを遮り、ガロテージを冷却する。内側のスペースは限られているため、がらくたを置いておくことはできない。写真は冬の午後に撮影されたもの

私たちはこの家と庭を、持続可能なショーケースに改修した。

庭づくりに必要な灌漑用水は、敷地内の雨水と生活排水が重力式のシステムで配給されることにより、すべて無料でまかなわれている。ガロテージの水は屋根から、そしてメインハウスの屋根の100平方フィート（約9.3㎡）の屋根部分から残らず排出される。この水は、北側の敷地境界線上にあるフェンスと目隠しを兼ねた、容量1000ガロン（約3800ℓ）の雨水タンク2基に直接送られる。タンクからあふれた水は、階段状のレインガーデンを経由して、庭の上から下へと流れていく。

合法的に敷地に建てられたバイオトイレは、本来の役目を果たすと同時に、人間の排泄物を安全で肥沃な土壌改良材に変えている。

電気はメインハウスの屋根にあるグリッドタイド太陽光発電システムから供給される。このシステムは両世帯に必要な電力の3倍を生産し、余剰電力は近隣住宅へ送られる。

アウトドアキッチンにあるツーバーナーのキャンプストーブは、容量5ガロン（約19ℓ）のプロパンガスタンクを燃料源にしている。オーブン調理には、20年前に廃材と金属と断熱材とガラスを組み合わせて作ったソーラーオーブンを利用する。水はキャンプストーブか、または兄と一緒に建てたバッチ式ソーラー温水器で温める。この温水器にも多くの回収材料が使われている（写真左下）。

建材の75％は回収された材料だ。たとえば、金属製のサイディングは、もともとはガレージにあった古い金属製の屋根だった。ロフトとポーチの木製梁、そしてアウトドアキッチンのレンガ製の床は、3ブロック先で改修中だった地元の学校からもらってきた。カーテンの材料は、4ブロック先の劇場で使われていた布の切れ端である。コートラックやフックなどの金物類は、3ブロック先の自転車協同組合から回収した自転車部品を加工して作った（p.195の写真右上）。

すべての作業は私、家族、友人、友人の友人、そして近隣の人たちによって行われた。これにより、建設現場には明るさが生まれただけでなく、バーター取引と作業報酬が地域コミュニティ全体で繰り返し循環することになった。

ガロテージの水は屋根から、
そしてメインハウスの100平方フィート（約9.3㎡）の屋根部分から残らず排出される。

メインハウスのソーラーオーブン、ソーラー温水器、ソーラーパネル

東側のポーチの屋根下にあるアウトドアキッチンと、容量1000ガロン（約3800ℓ）の雨水タンク2基。広さ450平方フィート（約41㎡）の屋根から集められた雨水は、ガロテージで必要とされるすべての水をまかなう。ちなみに、ここアリゾナ州ツーソンの平年の降雨量は11inch（約280mm）である。水はポンプではなく、重力送りのシステムで配給される

More...

私は冬を通して暖かい直射日光を浴び、夏は涼しい日陰に守られる。

建物の土地占有面積を
最小限に抑えることで、
庭や屋外の居住空間は
最大限に増やしてある。

メインドアのそばにある窓の両側には、室内外用の温度計が設置されている。この温度計は、窓を開けて外の心地いい暖かさや涼しさを取り入れるタイミングや、窓を閉めて外の不快な温度を遮るタイミングを知らせてくれる

ゲストルームのソファベッドを広げてカーテンを一部引き、ベッドルームロフトのカーテンも引いた状態で内装の西側を見た様子

電気はメインハウスの屋根にあるグリッドタイド太陽光発電システムから供給される。

同時に、近隣の人々とはコミュニティの植林やワークショップでも協力を続け、地域の通り沿いにある不毛な公用地を美しい植物園に変えた。この植物園の大部分は、土地固有の食べ物、医薬、工芸材料、野生生物の生息地を作り出す植生で構成されている。どの植生も、受動的に取り入れた雨水と都市流出水だけで灌漑され、公共の共有地内に暮らす全住民のための再生可能で治水効果のあるリビングルームが誕生した（写真下）。

床面積：200平方フィート（18.5㎡）

地球にやさしいデザインについての膨大な情報（この家に関する詳しい情報も）はこちら：

 www.HarvestingRainwater.com

補注
・2 inch（約5 cm）× 8 inch（約20 cm）の廃材製スタッドの隙間には、コットンバット状の断熱材を使用
・CMUブロックでできた当初のガレージの外側には、厚さ2 inch（約5 cm）の、CFCフリー（クロロフルオロカーボンを用いない）かつHCFCフリー（ハイドロフルオロカーボンを用いない）の硬質フォーム断熱材が使用されていた
・予備冷房は、取り入れた雨水を利用するSolar Chill社製のソーラー蒸発冷却器
・予備暖房は、ソーラーパネルで発電するSola Ray社製のラジエントヒーター

コート用と帽子用のハンガーは、近隣にある自転車協同組合のBICASで回収した自転車部品でできている

敷地に隣接する公用地に穀物や樹木を植える1996年以前の様子。ガレージへ続くアスファルトの私道がちょうど取り除かれ、黒いがれきの山になっている

隣接する公用地の2015年の様子。すべての植生は、受動的に取り入れた雨水と都市流出水だけで灌漑されている。多年生植物は、食べ物、薬品、野生生物の生息地を作り出す性質のものだけが選ばれた。写真に写っているのは、ランカスター家のヴォーン、チー、そしてロッドだ

The Tin Shed

マイク・バックリー

　私はコロラド州サライダに、18カ月かけてティン・シェド（The Tin Shed）を建てた。それまで建築の経験はほぼなかったが、誰かがこう言っているのを聞いたことがある。「方法がわからなくても、とにかく始めてみればいい」

　自分で設計図を描くことは明らかに有益だった。そして、私がリサーチの大部分を行ったのは、まさにこのときだった。家の中のあらゆるスタッドを図面にしたおかげで、建築する段になると、構造がどう組まれているのかがよくわかった。

　区画のサイズは24フィート（約7.3m）×150フィート（約45m）で、幅14フィート（約4.2m）の家（＊）を建てられる余裕しかない。とにかく狭い区画なので、建築は難しかったが、大きな窓で空間に広がりをもたせた。

　裏庭は南にあり、リビングにあるガラス製のガレージドアから大量の光が取り込まれる。夏にはガレージドアを開け、リビングを裏庭まで広げる。

　この家は耐久性材料を使って、ほぼメンテナンスフリーになるよう設計されている。屋根は金属製、サイディングは22ゲージの波形コールテン鋼板製、床はコンクリート製、そして上階の床は幅8inch（約20cm）のオーク板材だ。

　階段の踏み板は、シアトル・フェデラル・ビルディングから回収してきた4inch（約10cm）×12inch（約30cm）のダグラスファーの梁材である。節約のため、建築の大半にはシンプルで安価な材料を使用したが、わが家にパーティクルボード（木材のチップを加熱圧縮した板）は一切存在しない。この家の材料は、それが本物だと一目でわかるような材料であってほしいからだ。

　美しさとは、持続可能性の最高位に位置するものだと私は信じている。この世界に何を投じるにせよ、それを美しくすることが重要だ。美しければ、それは愛され、手入れをされて、長く生活に役立つだろう。同時に、私はバックミンスター・フラーのこんな言葉も心に留めておくようにしている。「何らかの問題を検討しているとき、私は美しさについて考えたりはしない。だが検討を終えた時点で、その解決策が美しくなかったら、それはきっと間違いだ」

＊この家のサイズは、幅13フィート10インチ（約4.2m）×奥行42フィート（約12.8m）である

床面積：1,162平方フィート（108㎡）

この家は耐久性材料を使って、ほぼメンテナンスフリーになるよう設計されている。

「方法がわからなければ、とにかく始めてみればいい」

First level　　Second level

A リビング　　　E 玄関
B ダイニング　　F 浴室
C キッチン　　　G 寝室
D パントリー　　H 仕事部屋

美しさとは、持続可能性の最高位に
位置するものだと私は信じている。

改造前

Between Hills——
改造したケンタッキー・
ガレージでの暮らし

グレン・デンティンガー

　これらの写真が送られてきた当初は、わくわくした気持ちにはならなかったのだが、何度も写真を見たり、グレンと連絡を取り合ったりするうちに興味が増し、いまではその素晴らしさがわかるようになった。

　グレンは6000ドルを費やして自分の家を建てた。6万ドルでも、60万ドル（カリフォルニアのみなさん、ごきげんよう！）でもなく、6000ドルである。大都市のワンルームアパートなら2〜3カ月分の家賃に相当する額だが、グレンは家賃も住宅ローンもなしで永住の地を手に入れたのだ。

　これはすごいことではないだろうか？
　　　　　　　　　　　　　——ロイド・カーン

　2013年の後半、私には住む場所が必要になった。選択肢は2つしかないように思えた。家を買うか、アパートを借りるか。どちらにしても、増えつつある経済的負担がさらに増えることは問題だった。

　その頃、私が所有するアパートの裏では、築100年近いガレージががらくたに埋め尽くされた状態で放置されていた。400平方フィート（約37㎡）と小さかったが、路地を挟んで向かいに工業用機械工場があり、約75ヤード（約69m）先に交通量の多い線路があるという立地に比べれば、面積はあまり気にならなかった。改築費用がかかるとしても、機転と根気があればそれほど高くはならないだろう。私は経験からそうわかっていた。

　材料探しは冒険だった。倒壊した納屋から回収したブリキ製の屋根は、わが家の羽目板とアーチ型天井になった。

　廃業した事業所で廃棄されていた屋外看板は、シャワー室の不浸透性ライニングになった。地元の家具職人が扱うには小さすぎる木の切れ端は、ステレオを置くための棚になった。地元企業に再生木材のフローリングが設置された際の余りは、キャビネットのフェイスフレーム（フレーム付きキャビネットの表面にある飾り板）になった。私はCraigslist（アメリカのコミュニティサイト。地域ごとの求人や売買の情報が掲載されている）を熱心に調べ、無料で手に入る開き窓や、年代物のプロパンガスストーブを見つけた。同じく見つかった金属製の収納キャビネットは、回転式の衣装ダンスに改造した。

　大きな幸運にも恵まれた。消音性があることで知られる再生ブルージーンズ製の断熱材を、ある小売店が何束も恵んでくれたのだ。やや水に濡れて売り物にならなくなっていたそうだが、2日ほど日に当てると、いつでも使える状態になった。

　金物店や材木置き場にも足を運んだが、材料の多くは廃棄物から拾い集めてきた。

　私は大工で、住宅の改築や修理を主な仕事にしている。建物の維持に何が必要かは熟知しているので、自分の家は効率よくメンテナンスのしやすい家にして、そのぶん創造的なプロジェクトに使える時間を増やすのを目標にした。控えめなサイズと丈夫な材料が、それを可能にしてくれることを願っている。

　現在までのプロジェクトにかかった費用は、およそ6500ドルだ。未完成な部分もたくさんあるが、手頃な住まいが必要な事情もあって、私は改築の全段階を通してここに住んでいる。

　街の公式な書類には、私の家はいまなお「ガレージ」として記載されている。外側から眺めれば確かにその通りだ。どう分類されても気に

『Builders of the Pacific Coast』を読むデンティンガー

材料探しは冒険だった。

私はCraigslistを熱心に調べた。

しないし、ガレージに住んでいると認めている。そこに自分の求めるすべてがありさえすれば、そこがわが家なのだから。

床面積：400平方フィート（37㎡）

改造後

現在までのプロジェクトにかかった費用は、
およそ6500ドルだ。

倒壊した納屋から回収したブリキ製の屋根は、
わが家の羽目板とアーチ型天井になった。

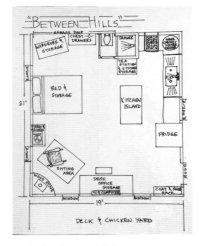

どう分類されても気にしないし、
ガレージに住んでいると認めている。
そこに自分の求めるすべてがありさえすれば、
そこがわが家なのだから。

都市や町の小さな家

私はどこへ行っても写真を撮る。

どの国、あるいはどの州であれ、都市や町に出かけたときには、シンプルで小さな家の写真を撮影する。

ここから20ページにわたり、さまざまな地域の小さな家が登場する。多くはサンフランシスコ湾岸地帯のイースト・ベイ、具体的にはリッチモンド、エルセリト、ヘイワード、バークレー、オークランドなどに建っている家だ。それ以外にも、サンフランシスコ、カリフォルニア州ペタルマやワトソンビル、オレゴン州、ワシントン州、オハイオ州、インディアナ州、ノースカロライナ州、コネチカット州、ブリティッシュコロンビア州、ハワイなど、私が旅先で見かけた家もある。

そうした家を本書で紹介する理由は2つある。

1. あなたが小さな家をゼロから建てるつもりなら、ここに設計やサイズに関するアイデアがある。どれも実用的でシンプルで、コストがかからず、伝統と経験に基づいている。屋根の形状、ドーマー、ポーチ、ドアや窓の配置についてもアイデアを提供する。

2. さらに重要なのは、北米の都市や町には、このような小さな家がいたるところに見られるということだ。その多くは荒廃したり、愛されずに打ち捨てられたりしている。1960年代から70年代には、土地を見つけてそこに家を建てるという考え方が一般的だったが、時代は変化した。コストは上昇し、規則は厳しくなり、生活はより複雑化した。

近隣の古い家を改築することには、現在はこんな利点がある。

a）価格が適正である。

b）ゼロから始めるよりも簡単。基礎、配線、配管、生ごみ処理装置など、建築を始めるための基本的な設備は揃っている。

c）都市や町に住むメリットを多く得られる。

率直に言って、こうした小さな建物が純粋でシンプルである点には驚かされる。数日前、大量のファイルの中から写真を探し出してきたときに、私は初めてそれらをじっくりと眺めた。多くの家、特に最近建てられたばかりの家が悪質に見える時代に、小さな家はとても正しいものに見えた。

写真を眺めていると、こうしたシンプルで小さな住宅によって何十年間も住まいが提供され、生活が営まれてきたことを、そして、それがいまも続いていることを思わずにはいられない。

ならば、最近はなぜ、小さく建てられた家を目にすることがないのだろうか？

1900年代初頭、北米では、こうした家の設計図はすぐに手に入った。そればかりか、住宅所有者は、あらゆる部材や詳細な設計図をSears Roebuckなどの会社から買うこともできた。

ここで、小さな家に関する本を紹介しておこう。

『Sears, Roebuck Catalog of Houses,1926』
Dover Publications, 1991

『500 Small Houses of the '20s』
Henry Atterbury Smith Dover Publications, 1990

『Bungalows, Camps, and Mountain Houses: 80 Designs by American Architects』
Originally Published in 1915 AIA Press

『Houses by Mail: A Guide to Houses from Sears, Roebuck & Co., 1927』
The Preservation Press, 1996

『Authentic Small Homes of the '20s』
Dover Press, 1987

『Sunset's Cabin Plan Book』
Sunset Magazine, 1936

役に立つ情報源はこちら：
Images of Sears Homes — 447 house designs, including floor plans:

 www.searsarchives.com/homes/byimage.htm

More...

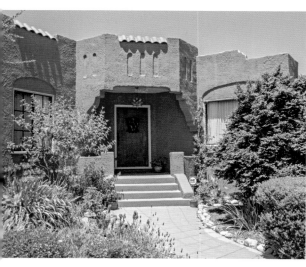

More...

More...

More…

More…

More...

More...

More…

More...

これら4軒の家は、ハワイ諸島のカウアイ島にある

「オフィス」の看板がある建物は、スターン夫妻の自宅（中央下の写真も同じ）。「銀行」「酒場」「理髪店」と書かれているのは、モーテルの部屋だ

ブリティッシュコロンビアの小さなマイホーム兼モーテル

ダイアン&ボブ・スターン

　私が住む家は1913年に建てられたもので、最初は360平方フィート（約33㎡）の広さだった。ブリティッシュコロンビア州を流れるトゥラミーン川沿いの、コールモントという小さな町にある。

　一時期、この家には7人家族が住んでいた。私たちが購入した時点で、広さは500平方フィート（約46㎡）あった。数年間はキャビンとして利用していたが、しばらくして完全に移り住もうと決めた。

　この建物はもともと木工所で、部屋は2つしかなかった。私たちの購入時には、裏側に間に合わせの部屋が1つできていた。完全に移住すると決めたら、今度は収入源が必要だ。そこで、3つのユニットからなる小さなモーテルを経営することにした。

　このキャビン兼マイホームには、収納も、物置も、洗濯室もなかった。建物本来の完成された状態を損ないたくはなかったので、裏側に洗濯室を追加した。現在、わが家の床面積は800平方フィート（74㎡）になった。

　地域の建築ルールでは、敷地内に複数の建物があることは許されない。そこで私たちは創意工夫し、モーテルを温室付きのわが家と連結した。外側からは、わが家は3つのドアを備えた別の建物と並んでいるように見える。このユニークな空間は、改築を開始できるようになるまでの2年間で、私の夫がデザインしたものだ。

　わが家はモーテルのオフィスでも

ある。表側の部屋はモーテルのチェックインオフィスと、自宅のキッチンを兼ねている。スペースを工夫する必要があったのだ。たいていの場合、初めてやってきた人はキッチンを見て驚いている。これほど小さな場所でどうやって暮らせるのかと疑問に思う人もいるようだが、私たちはまったく窮屈には感じていない。

　夫は大いに知恵を絞ってスペースを活用したため、わが家のあらゆるものには決まった役割がある。人を招いて「ルームツアー」をすると、誰もがすっかり仰天した顔をする。洗濯室（ドロップダウン式の洗濯物乾燥ラックを備えている）はパントリーでもあり、衣類用クローゼットでもある。孫たちが訪ねてきたときには、遊戯室にもなる。家族が訪ねてきたらモーテルを閉めて、そこに泊まってもらえばいい。家族はそれをとても楽しんでいるし、私たちも同じだ！

　この建物は三度移築されている。いまではきちんとした基礎の上に建っているので、もう動かされることはないだろう。私たちが購入したときには、ティーンエイジャーのたまり場になっていて、壁は落書きに覆われていた。電気も、水道も、暖房もなかった。大量の作業が必要だったので、私たちはこのキャビン兼マイホームを「Freaking ridiculous economic disaster（ひどくばかばかしい経済的な大惨事）」、略して「F.R.E.D.」と呼んでいる。何十年も前に車が衝突したせいで、前壁はくっついてすらいなかった。ドアを閉めると、前壁全体が動いてしまうのだ。F.R.E.D.がきちんとした基礎の上に移されたタイミングで、この問題は解決した。

　私たちは2007年9月からここで暮らしている。もう引っ越すつもりはない。裏庭には揚げ床式の菜園があり、果樹があり、ブドウやベリーの茂みもある。自分たちで食べるもの

は保存し、秋にはライチョウを狩る。

　夫はBeatty社製の風車を以前からずっと欲しがっていた（彼の曽祖父はカナダにあるBeatty Brothersという会社の創業者で、この会社は風車や農機具を製造していた）。売られていた風車をどうにか手に入れると、私たちはそれを裏庭に運び込んだ。数カ月後、ごみ捨て場にいたボブは、売りに出されていた飛行機の胴体を見つけた。手作りの飛行機が近くの空港で墜落したのだ。機体から翼ははがれ、価値あるものは何もかも剥ぎ取られていた。ボブはその飛行機を買い、得意げに裏庭へ持ち込むと、風車の横に並べた。

　それをどうするつもりなの？と私。組み立てて（飛行機は3つに砕けていた）、塗装して、風車につなぐのさ！とボブ。私は夫を見つめ、どういう意味だろうと考えた。飛行機のテイルを風車に取り付けると、吹いてくる風がテイルを持ち上げる。子供たちはその中に座って、テイルが上下に動くのを楽しむ。私たちはこの遊具を「フライング・ティガー」と呼んでいる。

　私たちが選択したような人生を送るには、どこか「人と違っている」必要があるのかもしれない。だが、この小さな町コールモントでの生活は、実に最高だ！

床面積：800平方フィート（74㎡）

この建物はもともと木工所で、部屋は2つしかなかった。

そこで、3つのユニットからなる小さなモーテルを経営することにした。

私たちが選択したような人生を送るには、どこか「人と違っている」必要があるのかもしれない。

オールドタイミー、
オフグリッド・キャラバン

ニック&アーロン・トロイシ

友人のタニアが自宅を売ったとき、彼女から、昔懐かしいキャラバンを建ててほしいと依頼された。

私たちは長年、小さくて計画的な暮らしに深い憧れを抱いてきた。DIY、シンプルな生活、環境意識、自給自足、持続可能性、創造的な冒険といった最高の要素を兼ね備えたタイニーハウス・ムーブメントが国中を席巻していることにわくわくし、刺激を受けている。

タイニーハウスは、私たちにとってとりわけ魅力的な建物だ。私たちは創作力豊かな父と息子のチームであり、設計施工、木工、陶芸芸術の世界で60年以上の経験を持っている。常に創造性に優れ、幅広くスキルを発揮し、学校、非営利団体、美術館、劇場、そして極めて明確なビジョンのあるクライアントのプロジェクトを完成させてきた。

友人のタニアが自宅を売ったとき、彼女から、昔懐かしいキャラバンを建ててほしいと依頼された。私たちはそのチャンスに飛びつかずにはいられなかった。オフグリッドのタイニーハウスをトレーラー上に建てるという初めての経験は、とても楽しかった。

タイニーハウスの建設では、設計段階から芸術

的な仕上げを通して、私たちの広範なスキルと経験すべてが単一のプロジェクトに注ぎ込まれる。小さな建物は、私たち個人の哲学──持続可能性、倫理的な生活、創造的なライフスタイル、進歩的な思考など──にもよく合っている。

このオールドタイミー・キャラバンは、完全カスタムのトレーラーハウスであり、独特なタイニーハウスである。24フィート（約7.3m）のトレーラーから、13フィート（約3.9m）のカーブした屋根まで、美しく実用的に作られている。

家全体の窓やドアは特注で製作した。床、天井、ロフト、収納付き階段、スリーピングヌック、バイオトイレ、シャワー、耳付きのオーガニックなテーブル、カウンター、棚、ベンチ、ハンガーも手作りし、芸術的なアクセントを加えた。

このキャラバンはオフグリッドにもオングリッドにも対応可能だ。容量40ガロン（約151ℓ）のタンクからオンデマンドで給水される装置、プロパンガス暖房、ACとDCの（バッテリー）電源、自動車備品を再利用したLED照明を備えている。

床面積：289平方フィート（27㎡）

 www.facebook.com/
theunknowncraftsmen

このキャラバンはオフグリッドにも
オングリッドにも対応可能だ。

家全体の
窓やドアは
特注で
製作した。

南西イングランドのハウスボート

エリン・マッカート

　私は版画家のエリン。数年前から、南西イングランドのブリストル郊外に停泊するこのボート、ジェニー号で暮らしている。ボートは幅およそ6フィート（約1.8 m）、長さおよそ42フィート（約12.8 m）で、内部には300平方フィート（約28㎡）ほどの空間がある。

　ハウスボートで暮らしていると、真のコミュニティ意識を感じられる。コミュニティに属している全員が、お互いを見守っているのだ。

　入居して最初の数カ月間は、ボートを生活の場としてだけでなく、アートスタジオとしても使用していた。私は創作活動中に部屋を散らかしてしまうため、やや窮屈に感じ、いまはスタジオを別にしてブリストルに構えている。

　薪を集めて自分のために暖房を用意すると、自給自足を体験できる。これは本当にやりがいのあることだ。寒かったある年の冬は、薪を集めるのも割るのも楽しかった。あまりにも楽しかったので、私は毎日のように森で倒木を見つけ、すでに翌年の冬用のストックを確保してしまった。

　住宅からボートへの移住は、大がかりなダウンサイジングのプロジェクトでもあった。このダウンサイジングのおかげで、自分にそれほど多くのものは必要ないのだとわかった。物質的な持ち物が減った分、自由を感じられた。

　何よりも便利なのは、家そのものを動かせることだ！

床面積：300平方フィート（28㎡）

物質的な持ち物が減った分、自由を感じられた。

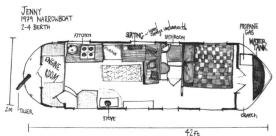

薪を集めて自分のために暖房を用意すると、自給自足を体験できる。

何よりも便利なのは、家そのものを動かせることだ！

ハウスボートで暮らしていると、真のコミュニティ意識を感じられる。
コミュニティに属している全員が、お互いを見守っているのだ。

スコットランドの ネストハウス

小さな家はなぜ持続可能なのか

ジョナサン・アヴェリー

父はとても実践的な人だった。キッチンでもガレージでも、家族に必要なものは何でも作っていた。そんな父に育てられた私も実践的な性格になり、10歳から設計、製作、配管、配線を行っている。

とはいえ、自分で建築を始めるのに尻込みする人もいるだろう。そんな人には、2016年にスコットランドのカークカルディで行われたロイド・カーンの講演から、私のお気に入りの一説を紹介しよう。「方法がわからなくても、とにかく始めてみればいい！」

まさにその通りだ。勇気を持って、仕事をしながら学んでいこう。論理的思考力があれば、人は本当に何だってできるのだ！

私は30年以上にわたり、デザイナー、写真家、家具職人として活動している。コテージや住宅から、18世紀の脱穀機に至るまで、さまざまなものの建築や修理を手がけてきた。アメリカの雑誌『Fine Homebuilding』の愛読者で、サラ・スザンカの著書『The Not So Big Home』に代表されるような、小さくて持続可能性の高い住宅に需要があることを知った。また、アメリカのタイニーハウス・ムーブメントや、トレーラーハウスに自分で家を建てるというそのチャーミングな精神性にも惹かれるようになった。

そして2014年の初めに、その瞬間はやってきた。小さな家こそ、自分のあらゆる関心とスキルを集約させられる場だとひらめいたのだ。建築設計の物理学、持続可能な生活の原則、そして高度な職人技と細部装飾を、小さなパッケージに凝縮できるのではないか。

私は、建築とグリーンデザインに対する生まれながらの情熱を結集させ、美しく小さな木造の建物を思い描いた。高品質の認証された材料を使用し、住む人を環境から完全に守りながらも、光にあふれてくつろげる、自立型の移動可能な建物だ。

こうして、移動可能なモジュラー式の小さなエコハウスというコンセプトが生まれた。私はこの家を、鳥の巣箱にたとえて「ネストハウス」と呼ぶことにした。コンパクトで、木造の、環境にやさしいサバイバルユニットである。これが、タイニーハウス・スコットランド（スコットランドで小規模な可動式住宅を設計・建築するという私の事業）の始まりだ。

イギリスでは、公道でけん引できるトレーラーの幅は2.55mまでと定められている。良質な断熱材を入れる場合は特に、この幅では内部が狭くなりすぎるため、ネストハウスの幅は3.4mに広げる必要があった。これでは公道ではけん引できないが、いずれにせよイギリスにはアメリカのような広く開けたハイウェイは存在しない。旅に出たければ、キャンピングカーを借りればいいだけのことだ。

ネストハウスは、場所を移動できるように車輪付きのシャーシ上に建てられているが、普段はトレーラーで運ばれる。

内部に目を向けると、一般的な車輪付きタイニーハウスが11㎡ほどであるのに対し、ネストハウスはさらに広々とした25㎡の床面積を誇る。

オングリッドにもオフグリッドにも対応可能で断熱性に優れるため、稼働に必要なエネルギーは少なくて済む。コンパクトな占有面積のおかげで、土地にも負担がかからない。基礎に何トンものコンクリートを使う必要はなく、跡を残さずに動かすことができる。

何枚もの図面を手描きし、Sketchupでフル3Dモデルを作成した後、2015年8月1日に工事を開始した。その年のクリスマスには建物を完成させ、家具や必需品などを揃えた。ネストハウスは、現代のタイニーハウスの先駆けとなるような、いかにも「森の中のキャビン」らしい趣を備えている。

10歳の頃から、設計、ものづくり、配線、配線に携わっている。

設計は機能的なモジュールを基本にしており、これらのモジュールは建築段階で統合された。

建設には多くの革新的な技術が用いられた。伝統的な建築では、壁、床、屋根を相互接続されていない別々の構造として扱うが、ネストハウスの場合、全体を1つの構造として考える。高度な技術でフレーミングされ、厳重に断熱されたモノコック構造のこの建物は、外側をさらに切れ目のない（ドアや窓を除いて）「アウトサレーション」という構造に守られている。そして、このアウトサレーションの中に窓が「浮かんで」いる。北側には窓が少なく、南側には太陽を取り入れるための大きな窓が入るように設計されており、夏にはルーバーによって日陰ができる。小型でハイテクなドイツ製のHRV（熱回収システム）ユニットは極端な温度差を改善し、小型の薪ストーブが冬に快適さをもたらす。

設計は機能的なモジュールを基本にしており、これらのモジュールは建築段階で統合されることで、「形態が機能に従う」（アメリカの建築家ルイス・サリヴァンの言葉）を実現している。「Live」はベーシックな住宅型のモジュールで、4 m、5.2 m、6.4 mの3つのサイズで利用できる。さらに、機能を追加するための補助的な外部モジュールとして、「Entry」「Bathe」「Sleep」がある。「Sleep」は、コンパクトなボートスタイルの階段で昇り降りする、居心地のいいスリーピングロフトだ。

「森の中のキャビン」での暮らしを夢見る人は多い。しかし、残念なことに、住むための土地をどう入手するかというかという長年の問題を解決するのは容易ではない。田舎で土地を探すのは難しいため、人々は整備プロットという希少な商品を、その地域での希少性を反映した価格で奪い合うことになる。

土地探しには創造性と水平思考が不可欠だ。また、小自作農地や森林管理を伴うアグリカルチュラル・タイ（農業従事者または林業従事者にだけ土地の占有を認めるという条件）も有益な手段になりうると言わなくてはならない。

実際、それは私がネストハウスに掲げた最大のビジョンだった。フルタイムの自作農場として、自分の土地で持続可能な生活をしたい単身者やカップルのための理想的な「マイクロリビング」として、または都会や農村部で手頃に購入できる初めてのマイホームとして役立ててもらいたかったのだ。もちろん、ネストハウスはスタジオやホームオフィス、貸しコテージとしても気軽に利用してもらえる。だが、もっと大きな意義がここにはあると私は確信している。それは、別荘ブームに苦しむスコットランドの島の若者や、タイニーハウス・コミュニティのような共同住宅に、手頃で小さい住宅ユニットを提供することだ。それぞれのレベルで自給自足ができる小自作農地または農場に小さな家を建てて生活するにせよ、よりシンプルで自然に近い暮らしをただ意識しながら自宅で仕事をするにせよ、ネストハウスのようなホリスティックなアプローチをとれば、私たちは住宅ローンも借金もなしで暮らしていけるのだ。

10万ポンド強の家を買う余裕のない人々にとって、持続可能で小さな暮らしは必要な選択肢であるとの主張は、この住宅不足の時代だからこそ説得力を持つはずである。そしてもちろん地球に対しては、私たちが資源の需要を減らし、消費している意識を養うことが不可欠だ。私のネストハウスがこうした問題の解決に少しでも役立ってくれることを願う。

床面積
写真の広さ：270平方フィート（25㎡）
最大の広さ：430平方フィート（40㎡）

---

www.tinyhousescotland.co.uk
www.jonathanavery.com

SMALL HOMES
The Right Size
小さくはじめる住まいの哲学

2023年8月8日　初版第1刷　発行

著者	ロイド・カーン
訳者	湊 麻里
翻訳協力	株式会社トランネット（www.trannet.co.jp）
装丁	角 知洋（SAKANA STUDIO）
本文デザイン	水谷イタル
編集	浅見英治（TWO VIRGINS）
企画・販促	後藤佑介（TWO VIRGINS）

executive producer　Blue Jay Way

発行者	住友千之
発行所	株式会社トゥーヴァージンズ
	〒102-0073　東京都千代田区九段北4-1-3
	TEL 03-5212-7442　FAX 03-5212-7889
	https://www.twovirgins.jp/
印刷所	音羽印刷株式会社

ISBN 978-4-910352-53-4
©Lloyd Kahn, TWO VIRGINS 2023
Printed in Japan

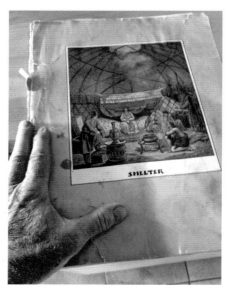

*If you ever need a helping hand,
you'll find one at the end of your arm.*

                                        —Old proverb